真実

新聞が警察に跪いた日

高田昌幸

角川文庫
18514

これは、北海道新聞社で二五年間記者を務めた筆者の記録である。

二〇〇三年の一一月末ごろから、北の大地で新聞と警察のあいだにいったい何が起きていたのか。それを筆者の目に映った限りで記した。もとより、社会的なできごとは多様である。私の目線と他人の目線は違う。映る風景も違う。

それが前提になっている。

(本書には裁判記録などの引用が多数登場する。読みやすくするため、文意を変えない範囲で省略や補足、表記の統一などを施している)

目次

裏交渉ファイル

――ロンドン、二〇〇八年六月

ロンドンの「シティー」はニューヨークや香港、東京と並ぶ世界有数の金融街だ。ビクトリア時代からの建物が連なる一方、近代的な高層ビルも建つ。裏通りには歴史を感じさせるオーダーメイドの背広屋があり、文具屋がある。庶民的なパブも高級なレストランもある。道路や小路を肌の色も言葉も違う人々が、颯爽《さっそう》と歩いて行く。

シティーから西側へ行くと、ほどなくセント・ポール大聖堂も見えてくる。チャールズ皇太子とダイアナ妃はここで結婚式を挙げ、女王たちも即位式にのぞんだ。大聖堂の周辺はいつも観光客であふれ、人波は途切れることがない。

「ギルドホール」と呼ばれる建物は、ちょうどシティーとセント・ポール大聖堂の中ほどにある。ゴシック様式の荘厳な造りで、建築は一四〇〇年代にさかのぼるという。建物前の広場は石畳が敷き詰められ、広場を取り囲むようにほかの古い建築物が並ぶ。世界に名だたる銀行や証券会社が連なるシティーの間近にもかかわらず、ざわめきは届かない。中世をまるごと移してきたかのような、不思議な空間だ。

「ブラックウェルハウス」はその広場に面して建っていた。六階建てで、小さな企業の事務所が三〇ほど入っていただろうか。受付を長く務めるナタリー嬢は「三〇〇年か四〇〇年か、たぶんそれぐらい昔の建物よ」と語る。

エレベーターには、じゃばら式の扉があった。引き戸のように手で開け、乗り込む。カゴを止めるときは、じゃばらの向こうに見える床の位置を確認しながらレバーを操作しなければならない。建物の管理をまかされていた初老の男性はいつも「エレベーターは使わないほうがいいよ。年代物だ。壊れたら大変なことになる。いったい二〇ポンド札が何枚必要になるだろうね」と忠告してくれた。

二〇〇七年夏から二〇〇九年初春にかけての二年間、北海道新聞のロンドン支局はこのブラックウェルハウスの三階にあった。

朝、ロンドン西部の自宅から地下鉄に乗って、三〇分ほどかけて支局へ通う。自宅で取っていない新聞に目を通したあと、郵便物を整理し、取材の案内に目を通す。きょうの取材をどうしようか、日本へはどんな原稿を送ろうか。そんなことをぼんやり考えていると、そのうち電話が鳴り始める。

支局には私のほかに助手が一人いるだけだ。大新聞社のロンドン支局と違って大勢の常勤スタッフを置く余裕はなかった。勢い私の雑用も多く、仕事は忙しかった。

ある「秘密交渉」が明らかになったのは、そんな日々が続いていた二〇〇八年六月のことである。

その存在を知った日のことは、いまも忘れない。

六月中旬、所用でポルトガルの首都リスボンにいた私の携帯が鳴った。札幌にいる同僚からだった。

「元道警の佐々木《ささき》さんから、とんでもない証拠が裁判所に出されました。むちゃくちゃな内容ですよ」

札幌からの声は文字通り「息せき切って」という感じだった。

「佐々木さん」とは、北海道警察の元総務部長佐々木友善《ともよし》氏のことだ。一万人近い警察官や職員を擁する、道警組織のナンバー・ツーにまで上り詰めた人物である。北海道の警察関係者で、その名を知らぬ者はいなかっただろう。当時は退職したばかりで、警察関係の公益法人に天下っていた。

私はその佐々木氏から名誉毀損《きそん》で訴えられていた。私だけでない。電話をかけてきたこの同僚記者も、北海道新聞社も訴えられていた。

「高田さん、うちの会社の幹部連中が提訴前、佐々木さんと裏でずっと秘密交渉をやっていたんですよ。わざと裁判で負けましょうとか、『出来レース裁判』をやりましょうとか、早く提訴してくださいとか。うちの社から、佐々木さんにそんなことを持ちかけているんです。その交渉を佐々木さんが記録していて、裁判に証拠として出してきたんですよ。交渉は三〇回以上もあったんですよ。本当にむちゃくちゃです。ひどい。本当にひどい。会社の幹部、ぼくらを警察側に売り渡そうとしていたんですよ!」

電話の向こうで、同僚は「むちゃくちゃですよ」とくり返していた。「本当に許せない」とも口にした。「隠し録音」という言葉も出た。

同僚によると、佐々木氏は交渉のやり取りを密《ひそ》かに録音し、テープと文字起こしした文書を裁判所に提出した。録音ができなかった交渉では詳細なメモを取っており、そのメモも含まれているという。

「文字起こしした書類はA4判で四〇〇ページ近い」と彼はつけ加えた。

「送ってくれないか」と私。

「送ります、送ります。スキャンを取ってPDFファイルにしてすぐ送ります。ただ枚数が枚数なんで、少し時間がかかると思います」と同僚。

同僚はこの膨大な記録を電子媒体で保存しておくため、新たにスキャナを買い込んでいた。ただ性能はさほどでもないらしく、機械は紙を一枚ずつしか読み取ってくれないらしい。一日か二日か、ある程度の時間はかかるだろう。

元道警幹部が裁判所に証拠提出したこの文書について、北海道新聞社からはまだ何の連絡も受けていない。同じ裁判の被告でありながら、会社と私のあいだには当時、深い溝があった。だから札幌の本社から音沙汰《おとさた》がないことに驚きはなかった。

同僚から電話があった週末の夜遅く、私はロンドンに戻った。

裁判関係の書類は支局に置いてある。しかし、支局が入居する「ブラックウェルハウス」には週末は鍵《かぎ》がかかっており、特別なセキュリティをはずさないかぎり入室できない。これまでの裁判記録を読み直そうかと思ったが、あきらめた。同僚はすでに、

PDF作成に取りかかってくれている。彼の連絡を待つ以外、私はやるべきことを思いつかなかった。

北海道新聞は二〇〇三年十一月から二〇〇五年六月にかけての約一年半、北海道警察の裏金を追及する大キャンペーンを張った。

「道警は組織全体で長年、裏金をつくってきたのではないか。それをひた隠しにしてきたのではないか」

それが報道の主眼だった。

組織的裏金づくりは、もっぱら都道府県費の「捜査用報償費」、国費の「捜査費」を舞台として行われていた。現場の捜査員は犯罪の目撃者や暴力団関係者などと日常的に接触を重ね、事件解決へ向けた情報を集めていく。その際、公金を使って情報提供者へ現金で謝礼を払ったり、飲食店の代金を払ったりすることが、制度上認められている。捜査用報償費と捜査費は名称こそ違うが、使用目的は同じである。

ところが、北海道警察は年間で億を超えるこうした予算を正当に使用せず、裏金として組織内部にプールし、幹部の独断で自在に使っていた。捜査用報償費や捜査費を支出するためには、情報提供者や飲食店の領収書が必要になる。その領収書は末端の警察官たちに偽造させ、幹部が使途を決めるというしくみだった。公金のマネーロンダリングと言ったほうがわかりやすいかもしれない。議会が決めた予算用途の縛りを組織が勝手にはずすのだから、要は議会制民主主義の無視でもあった。

北海道新聞による追及は約一年半、止むことがなかった。その間に掲載した関連記事は、大小合わせて約一四〇〇本を数える。

組織的裏金づくりの動かぬ証拠である「裏帳簿」、正義感の強い人を会計担当から排除せよと指示した「裏金指南書」。そんな内部書類の存在を次々に明るみに出す一方、偽造領収書を末端警察官に作成させるしくみなど、裏金づくりの詳細な手口まで暴き出した。

それでも道警は裏金づくりを簡単に認めない。オンブズマン団体や市民団体は次々と抗議の声を上げ、北海道議会でも道警追及の動きは強まった。

やがて、実名で裏金の存在を認めるOBも現れた。そのうちの一人は、釧路《くしろ》方面本部長を務めた原田宏二《はらだこうじ》氏である。北海道は広く、道警は約一万人もの警察官・警察職員を擁する。その中にあって「方面本部長」は、本州であれば県警本部長に匹敵するような大物だ。

そうした追及の末、道警は二〇〇四年十一月、とうとう組織的な裏金づくりを認め、組織のトップである本部長が北海道議会で謝罪した。裏金の返還総額は国費・道費を合わせて九億円を超える。それを幹部らの負担で全額返済することも決まった。

警察の裏金づくりはそれまでも、全国紙や雑誌が断片的に取り上げてはいた。古くは「二重帳簿問題」として国会で取り上げられたこともある。

それでも、警察が裏金づくりを公式に認めたことは過去に一度もなかった。だからこそ、組織的裏金づくりを認めるにいたったこの問題は、全国の各警察や警察庁にとって相当の衝撃だったに違いない。

しかし、警察は甘くなかった。

裏金づくりを公式に認める前から、道警による北海道新聞への「反撃」はじわじわと始まっていた。北海道新聞社と道警元幹部の「秘密交渉」もその一つだった。その具体的な内容についてはあとで詳しく記そうと思う。

裏金報道が一段落した二〇〇五年三月。

一連の取材・報道を指揮するデスクの立場だった私は、同じ「報道本部次長」の肩書きのまま、警察担当をはずれ、自由な取材を行う遊軍《ゆうぐん》担当デスクに配置換えとなった。さらに四か月後の七月には東京支社国際部へ異動した。その際、翌年からのロンドン支局行きを言い渡され、名実ともに裏金報道からはずれた。

この間、裏金取材に奔走した同僚記者たちも相次いで報道本部の警察担当をはずれ、違う部署に散っている。

ロンドン支局に赴任して三か月が過ぎた二〇〇六年五月末、私は民事裁判の被告になった。

訴えた佐々木友善氏は裏金報道が始まったとき、道警の総務部長だった人物である。総務部長は道警本部長に次ぐポストであり、議会対策や報道対策の総責任者でもある。佐々木氏は裏金報道が始まった二〇〇三年十一月から定年退職する二〇〇四年三月末までその職にあった。それは裏金報道によって道警が一気に追い込まれていく時期と重なっている。当時、裏金問題についての報道対策、世論対策、あるいは議会対策こそが彼の職務における最大のテーマだったことは、容易に想像がつく。

佐々木氏の訴えは「裏金に関する書籍二冊の記述に虚偽があり、名誉を毀損された。慰謝料六〇〇万円と謝罪広告、書籍の回収を求める」という内容だった。二冊とは、北海道新聞の取材班が出版した『追及・北海道警「裏金」疑惑』（講談社）と『警察幹部を逮捕せよ！』（旬報社）を指す。二冊の一部記述に事実とは違う「ねつ造」があり、社会的信用が損なわれ、名誉を毀損されたのだという。

被告は北海道新聞社、講談社、旬報社、それに私、私の部下で道警キャップだった佐藤一《さとうはじめ》記者の五者である。

訴状を見た私は当時、こう思った。

佐々木氏は在職中、裏金の存在をまったく認めなかったばかりか、裏金を隠すための工作に腐心していた。それなのに、わずか数行の些細《ささい》な部分を取り上げ、『北海道新聞にはねつ造体質がある』と指弾する神経が信じられない。書籍の記述に誤りはない。訴えは、言いがかりそのものではないか——。

一方、同じく個人被告になった佐藤記者は訴状を見て、こんなことを言っていた。高田さん、訴えの内容自体は枝葉末節《しようまつせつ》な話ですが、対応いかんで新聞社の性根が問われますね。一歩間違えれば、警察側、権力側に徹底して逆襲されるかもしれません。警察を甘く見てはいけないし、いろいろと戦略を考えたほうがいいと思います、と。

旅先のポルトガルで札幌からの電話を受けた数日後、私はシティーの支局へ出社した。いつも利用する地下鉄ディストリクト線は駅と駅の間隔が短く、列車の速度が遅い。この日は何かのトラブルがあったせいか、到着までいつもよりさらに時間がかかった。

支局に着くと、もう助手が出社している。急いでパソコンを立ち上げ、佐藤記者からの電子メールをチェックした。早朝、自宅で確認したときには届いていなかったメールが到着している。ファイル転送サービスを使って、ＰＤＦを送ったと書いてある。指定されたＵＲＬをクリックし、パスワードを入れる。気が急《せ》いた。やがてダウンロードが始まった。

一枚目が目に入った。

「平成十八年（ワ）第１０２２号慰謝料等請求事件……甲84号証これは原本より正写した」

民事訴訟では、原告側提出の証拠には、頭に「甲」の記号をつけ、提出順に番号をふる。被告側は「乙」である。「甲84号証」とは、原告の佐々木氏が八四番目に提出した証拠という意味だ。

甲84号証には1から34までの枝番がふってある。「甲84号証の1」はこう始まっていた。

「面談記録日時・平成17年8月25日午後12時55分～午後3時15分場所・ホテルエルム札幌『すずらんの間』面談相手・北海道新聞社報道本部長早坂実《はやさかみのる》」

そこに記されていたのは、早坂氏と佐々木氏の一問一答だった。佐々木氏は早坂報道本部長との面談に際し、隠し録音を行っていた。PDFで送られてきた証拠は録音の文字起こしである。横書きで一行三五文字、一ページ三六行。「34」まである甲84号証のうち、「1」だけで二八枚を数えた。膨大な量である。

甲84号証の記録によれば、面談の冒頭、佐々木氏と早坂氏のあいだではこんなやり取りがあった。

佐々木氏「早坂さんとは知らない仲ではなく、昔から一緒に酒も飲んだし、人間性のよい方なのもわかるし、良識派だということもわかっておりますしね……」

早坂氏「私が佐々木さんにお話しすることは、私どもの会社の業務（「常務」の誤り）が判断した内容と受け取っていただきたい」「いろいろ打ち合わせて来ました……これからお話しすることはうちの社の意思です。個人の資格で来ているわけではありません」

現場記者たちのあずかり知らぬところで幾度となくくり返された「秘密交渉」は、これが初回である。この面談が行われたとき、道警本部では、組織的な裏金づくりを認める羽目に陥った芦刈勝治《あしかりかつはる》本部長が異動し、警察庁から樋口建史《ひぐちたてし》氏（二〇一一年八月に警視総監に就任）が着任したばかりだった。佐々木氏が座っていた総務部長の席には、警察庁の広報室長だった人物が後釜《あとがま》として座っていた。

一方の早坂氏も初めての面談が行われる直前、北海道新聞社の経営企画室次長（法務担当）から報道本部長へと異動したばかりだった。そしてこの面談は、早坂氏が現職の道警広報課長に佐々木氏への仲介を依頼し、実現したものだった。

記録によれば、ホテルエルム札幌の席で、佐々木氏は「北海道新聞の態度はなっていない」という趣旨の発言をくり返している。

裏金問題のときの取材の方法が卑怯《ひきょう》だった、書籍二冊にはねつ造を書いておれの名誉を傷つけた、北海道新聞は道民のためになっていない、おごっている、こうした態度を是正して謝罪するよう、自分の退職後からずっと求めてきたのに無視されてきた……。

そうした矢継ぎ早の言葉に対し、早坂氏はこう応じた。

「私は（北海道新聞と道警および佐々木氏との関係を）正常化したいと思っています」「私のほうの記事が引き金をひいたわけですから、その部分については、率直に、うちの記事がいたらない、いたらない記事がきっかけで。率直に謝ったほうがいいと思います」

いったい、何をどう謝罪すべきだと考えていたのか。裏金取材を担当した記者たちのまったく知らないところで、なぜ道警との交渉に着手しなければならなかったのか。甲84号証の記録を読むかぎりでは、初回の面談で詳細は語られていない。ただ二人が向き合った話の終盤、早坂氏は「交渉は内密にしてほしい」と、くどいほど念を押した。

「私は（社内で）少数派ですから」と早坂氏は語った。

「少数派が実権を握って（佐々木氏や道警との）話し合いを解決しなきゃならん。もしこれが口外されたら……潰《つぶ》されます」

痛々しいほど低姿勢で、口外しないでほしいとくり返す早坂氏。それに対して佐々木氏は、どんな方法で謝罪してくれるのか、八月末までに文書で回答をよこすように求め、こう言って初回面談を締めくくった。

「解決しないといけない。解決しないとダメですよ、こんなもの。お互い。人の目もあるでしょうから、私はここでお別れしますから」

甲84号証はこのあと「34」まで続く。

ロンドン支局のパソコン画面に映し出された文書は膨大な分量である。とても一気に読める分量ではない。私はPDFをコピーしたUSBメモリーを助手に渡し、印刷するよう頼んだ。

プリンタが紙を次々と吐き出す音を聞きながら、古い建物の一室で私はパソコン画面の中の書類をゆっくりゆっくり読み進んだ。そのうち「こんなに一度に印刷していたらプリンタがおかしくなりますよ。このプリンタ、ただでさえ調子悪いのに」という助手の言葉が聞こえてきた。

報道機関が警察権力にひれ伏し、ひたすら許しを請うかのような交渉。

その後、この交渉を知った人たちが語った「感想」はじつにさまざまだった。

北海道新聞はこれで完全に権力の犬になったな、と言った人がいた。新聞社と警察の関係なんて元来そんなものだ、と言った人もいた。

全国紙のある記者仲間は「おまえは会社の人身御供《ひとみごくう》にされたんだよ。ある時期までは、高田、高田で重宝されたのにな。まあ、組織なんて、そんなもんだ」と言った。

私は先にでき上がった紙の束を持って階下に降り、ギルドホール前の広場のベンチで読み続けた。

裏金報道が始まって以降、北海道新聞と道警のあいだで起きたこと、北海道新聞社の組織内で起きたことが、頭の中で次々と映像になって復元されていくような気分だった。新聞記者になってから経験した、さまざまなできごとも思い出した。

ロンドンはこの日、初夏らしい青空が広がっていた。石畳の広場には、いつものようにたくさんの鳩が飛びかっている。えさをねだるように近寄ってくる鳩もいた。

ひと休みして支局へ戻ると、印刷の終わった紙が二〇センチを超えようかという高さになって、私の机に積み上がっていた。

新聞大会

——富山、二〇〇四年十月

二〇〇四年十月十五日朝。

私は富山市の富山駅前にあるホテルアルファーワンを出て、富山国際会議場に向かって歩いていた。

社団法人日本新聞協会が主催する、年に一度の「新聞大会」。新聞週間のメーン行事とされるそのイベントが、間もなく始まろうとしていた。

会場に近づくと、広い通りの歩道には、背広姿の男たちがぞろぞろと連なって歩いている。どこかの新聞社の役員や幹部たちに違いない。日本新聞協会の加盟社は一三〇社ほどにもなる。全国紙はもとより、全国区では名前を聞いたことがないような地方紙も、それぞれの地方においては大企業だ。その役員や幹部ともなれば、たいていは有名大学を卒業し、難しい入社試験に合格し、激烈な社内競争を勝ち抜いた人たちばかりだ。

前方に見える国際会議場には、黒く光る大型のセダンも入っていく。乗っているのは社長クラスかもしれない。

私が歩く傍らには、路面電車が走っていた。同じような路面電車が走る街、高知で生まれ育った自分にはじつに懐かしい感じがする。車両の色や形も高知の土佐電鉄とそっくりに思えた。

会場に到着し、受付に行くと、係の若い女性が「先生、おめでとうございます！」

と声をかけてきた。

「久しぶりだね。元気にしてた？」

「先生はリボンの形が違うんですよ。きょうは主役ですから」

そう言って大きなリボンをスーツの上着につけてくれる。

私は一時期、母校の法政大学で「自主マスコミ講座」の講師をやっていたことがある。マスコミ界をめざす学生たちに、一線の記者が報道現場の実情を語り、一般教養や論作文の技術指導などを行う。いわば、マスコミ界への就職予備校である。

東京支社政治経済部の記者だった一九九〇年代後半、仕事が詰まっていなければ、土曜日の午後、隔週でその教壇に立っていた。

就職予備校とはいえ、受講するには学内の選抜試験をくぐり抜ける必要があった。競争率は四倍、五倍にもなる。その代わり、新聞社や放送局に入社する受講生も相当数に上っていた。

「自主マスに入りたくて法政を選びました」という学生もいるくらいだ。学内試験の面接を担当した際は、少なくない学生が異常に緊張していることが見て取れ、ずいぶん気の毒に感じた覚えもある。

富山国際会議場の受付にいた女性は、そんな教え子の一人だった。彼女は卒業後、新聞社ではなく、社団法人日本新聞協会の職員になる道を選んでいた。

「先生、こっち、こっち」

彼女に連れられ、何人かの職員を紹介された。名刺を差し出しながら、自分が少し緊張していることを感じ取っていた。

新聞大会が始まった。

日本新聞協会会長である箱島信一《はこしましんいち》・朝日新聞社社長のあいさつが続く。

「いま、世界と日本には、さまざまな問題が突きつけられています。そうした問題を的確に判断するためにも、新聞こそが信頼すべき情報を提供する責任があるのであります。最も大切なのは、読者の側に立った報道に徹することです。これこそがジャーナリズムの原点なのです」

ホスト役である富山の地方紙、北日本新聞社の梅沢直正《うめざわなおまさ》社長からもあいさつがあった。「新聞協会賞の表彰に移ります」というアナウンスがあったのは、そのすぐあとだった。

舞台に上がったのは四人である。

「UFJ、東京三菱《みつびし》と統合へ」をスクープした日本経済新聞の記者、「イラク国連バグダッド事務所爆破テロの瞬間映像」を報じたNHKの記者、連載企画「拉致《らち》・北朝鮮」を担当した新潟日報の記者、そして「北海道警察裏金問題を追及」した取材班代表の私。

式では、受賞理由が語られ、各人が表彰状と記念のメダルを受け取った。舞台上で箱島社長は私に「おめでとう」と言い、私は「ありがとうございます」と答えた。

あらかじめ「受賞スピーチは十分程度で」と言われていた記憶がある。来場者は約五〇〇人。会場の収容能力から言えば少し空席があるはずだったが、演台に立って見回すと、ほとんど満席に見えた。

「時代がいくら変わっても、新聞には変わらない役割があります。その重要な一つが権力監視、権力チェックではないでしょうか。権力監視の力は弱くなってきたと言われていますが、読者のためにも権力監視の役割を放棄するわけにはいきません。北海道警察の裏金問題の報道は、まさにそうした、新聞本来の役割を取り戻すための作業でした」

私のスピーチは、おおむねそんな内容だった。札幌から大挙して詰めかけた北海道新聞社の取締役や幹部たちの顔も見えた。みんなじっと聞き入り、何人かは、うなずいているように映った。

昼食をはさんだ午後の部では、新聞社の社長四氏によるパネルディスカッション「新聞力強化の処方箋《しょほうせん》」があった。日本経済新聞社社長らと並び、北海道新聞の菊池《きくち》育夫《いくお》社長もひな壇に並んでいる。

会場の二階席で議論を見守っていた私の耳には、菊池社長が冒頭、「おかしいことをおかしいというのは当たり前だ」と発言するのがはっきりと聞こえた。

「北海道警の裏金疑惑を追及した一連の報道で、新聞協会賞を受けることができたのは『おかしいことは、おかしい』と指摘できなければ、新聞ではないという当たり前のことを貫いた結果です。警察担当記者たちの取材現場では激しいバトルもありました。それを支えてくれたのは読者です。どんなキャンペーンも読者にそっぽを向かれれば、成り立ちません。読者の支持、支援、共鳴があったからこそ、どんなに締めつけが厳しくても取材を続けることができました」

菊池社長の話はセンテンスが短く、じつに歯切れがいい。「あー」や「うー」といった無駄な言葉もなく、自信に満ちている。この日から一年も過ぎないうちに、その自信や信用が大きく揺らぐ日がやってこようとは、菊池氏自身、このときは思ってもいなかったに違いない。

その夜。

富山市の料理屋で小宴が催された。店の名は記憶にないが、すぐ前を小さな川が流れていたことは覚えている。

座敷に顔をそろえたのは、北海道新聞社の取締役たちである。私は中央の、菊池社長の横に座らされた。向かいには販売局長。編集局長も広告局長もいた。全部で一〇人ほどだっただろうか。「報道本部次長」という肩書きがあったとはいえ、私は管理職でもない。れっきとした労働組合員でもある。社長秘書を除けば「平社員」は私だけだった。

社長にビールを注がれ、宴《うたげ》は始まった。

菊池社長は、私が東京支社政治経済部に勤務していた時代の部長で、半年間だけ直属の上司だった。膝《ひざ》をまじえてじっくりと歓談した記憶はない。私自身が東京支社のオフィスにあまり寄りつかなかったし、菊池政治経済部長もべたべたした人間関係は好まぬように映っていた。

富山の宴席で当たり障りのない話が続いていた最中《さなか》、向かい側の席の端から「それにしても高田は」という声が聞こえた。

「それにしても高田は、スピーチがうまいな。感心したぞ。書くだけじゃなくて、しゃべりもいけるな」

新聞協会賞と言えば、報道界では最高峰の名誉とされている。少なくとも大勢の報道関係者はそう信じている。「しょせんは業界の内輪の事情で決まっているだけ」との批判もあるが、受賞がうれしくないはずはない。

裏金報道は私を筆頭に道警担当キャップだった佐藤記者、サブキャップの中原洋之《なかはらようの》と思う。


輔《すけ》記者ら警察担当記者八人のチーム取材だった。私はデスクとして旗を振っていたにすぎないが、私も会社の幹部たちも新聞協会賞の受賞にはおおいに満足していたのだと思う。

　新聞協会賞の受賞に先立っては、日本ジャーナリスト会議（ＪＣＪ）大賞も受賞し、ちょうど二か月前の八月十四日には東京で表彰状と記念のブロンズ像を手にしていた。北海道新聞の新聞協会賞は八年ぶりだったが、前回の「北海道庁の公費乱用」取材でも、私はチームの前線で走り回っていた。自分にとっては、二度目の新聞協会賞である。

　さらに新聞大会の前夜には、富山空港で飛行機を降りた直後、本社からの電話連絡を受けていた。

「高田君、菊池寛賞って知ってるよな。きょう連絡があって裏金報道はあの賞にも決まったそうだ」

　新聞協会賞、ＪＣＪ大賞、菊池寛賞。トリプル受賞である。そんなことはめったにあるわけがない。正直、私はうれしかった。富山に集まった幹部も札幌に残った仲間たちも、それは同じだったと思う。

　富山の料理屋では小宴が続いている。「高田のスピーチは抜群だったな」という声を引き取るように話題は裏金報道に移っていた。

その最中である。

一人の取締役が菊池社長のほうに向き直り、おおむね、こんな内容のことをしゃべり始めた。

「いや、でもさ、高田のスピーチもそうかもしれないが、俺はね、やっぱり菊池社長だと思う。午後のディスカッション、みんな聞いただろう？　社長はバシッとしてましたよね。あの日経の社長、菊池社長に反論できなかったでしょ？　さすがだなあと思いましたよ。やっぱり社長ですよ」

今度は菊池社長の話題一色になった。

「菊池社長のあの言葉はよかった、会場もたくさんうなずいていた」「声が最も自信に満ちていた」。そんな声が座のあちこちから飛び出す。私の右手側では、社長が苦笑いしながら聞いていた。私と社長のあいだでは、会話はたいして弾まない。それでも「菊池社長は」「菊池社長は」の声は途切れなかった。

突然、菊池社長が「おい、締めろ」と秘書に向かって声をかけた。真意はわからない。しかし、社長礼賛が長く続き、さすがに嫌気がさしたのかもしれない。少なくとも当時の私はそんなふうに思った。

お追従《ついしょう》が嫌なんだな、けっこう腹の据わった人かもしれないな、と。

小宴が引けたあと、私は新聞協会の職員になっていた「教え子」の携帯に電話し、少し飲もうよ、と誘った。彼女は友人を一人伴って現れた記憶がある。

法政大学の自主マスコミ講座で、私はいつも「新聞記者にとって一番大事なのは志だ」と語っていた。そう言いながら、後ろの黒板に「志」とチョークで書くのだ。およそ「就職予備校」には似つかわしくない講義ばかりだった。

このときも後輩には「志」をくり返したように思う。こんなふうに。

大学の講座でもよく言っていたけど、新聞記者はいったい誰のために記事を書いているんだろうか。何よりも読者のためだと思うよ。毎月四〇〇〇円近い購読料を払ってくれているわけだから、まず考えるべきことは「読者に向かって書く」ということだと思う。記者個人の都合や取材相手の都合は二の次、三の次なんだ。そして「読者の期待にこたえる」という柱の一つが「権力を監視する」だと思う。

ところが、たとえばいまの警察取材で言えば、必ずしもそうはなっていないんだよね。警察担当記者はふだん、事件や事故の記事ばかりを書いている。日本では本当に長いあいだ、警察の捜査動向を報じることが事件報道の柱だった。捜査は警察がやるから、情報源は基本的に警察にしかない。「容疑者が逮捕された」「犯行を認めた」

「動機の供述を始めた」「立件を見送った」。こんな情報は警察しか持っていない。

その一方でね、捜査員は本当に口が堅い。幹部の口はもっと堅い。彼らのところへ足を運ぶだけで、捜査情報を教えてくれるわけじゃない。「熱心」だけではだめで、その「熱心」を何倍も何倍も実行しないと、固い扉は開かない。

飲みたくない酒を一緒に飲むこともある。お追従を言い、バカなふりをし、体育会のようなつき合いもする。良い悪いは別にして、そうやって接近しないと捜査情報はなかなか取れない。捜査員や幹部に嫌われたら、情報は取れなくなる。まずは仲良くなることが必要なんだ。それが現実なんだ。

だから、裏金問題はたいへんだった。組織のトップから末端まで、ほとんど全員が裏金づくりに関与しているわけだからね。一部の素行不良の警察官の話じゃない。組織全体にかかわる問題だった。

こういう取材をやっていると、事件捜査に関する情報はどんどん取れなくなる。それは当然だったと思う。ついこのあいだまで「一緒に悪いやつらをやっつけましょう」「警察があるから治安は安泰です」「課長はさすがですね」なんて、いわば取り入るようにして取材していた警察官に向かって、「あなたも泥棒しているんじゃないですか」「裏金づくりは組織的な犯罪じゃないですか」と問い質《ただ》すようになったわけだから。

おそらく、警察は新聞記者を「自分たちの仲間」と思っていたんだと思う。新聞記者も「警察と二人三脚になって社会悪を追及しよう」と思っていた。そういう、過去の関係を崩しながら、裏金取材は進んだんだよね。

警察からの嫌がらせは、いっぱいあった。事件事故の情報が極端に入手できなくなった。他社に優先的に情報を流されることもあった。事件の概要を説明する場で、北海道新聞だけが事実上閉め出されたこともある。いままではまったく警察に食い込めなかった全国紙の道警担当記者が、急に事件情報をもらえるようになったという話も聞こえてきた。それが紙面に掲載されると、「特ダネ」「スクープ」と言われて。でも、そうやって入手した情報をもとにして「容疑者をあす逮捕へ」「供述の内容がわかった」という記事を書いたとして、それが本当に読者のためになるだろうか。

警察にしても一般の役所にしても、新聞記者が日常的につき合うのは、たいていが権力者や権力機構の幹部だ。「新聞は権力監視が仕事です」という看板通りの仕事をしようと本気で思うなら、そういった取材相手とも本気で向き合う必要があると思う。ガチンコで勝負しないといけない。彼らにとって、便利な、都合のいい存在であってはダメだと思うんだ。

じつは、自分は高知県の出身だけど、警察の裏金問題は北海道新聞より先に高知新聞がじゃんじゃん報道していたんだよね。北海道新聞の報道は二〇〇三年十一月に始まったけれど、高知新聞はその四か月前の七月から報道を始めていた。でも、自分はそれを知らなかった。高知新聞は一面や社会面で連日、がんがん書いているのに、全国紙や通信社はまったく後追いしなかった。その報道を無視していた。だから、問題が北海道にも全国にも届かなかった。

結果として、県警裏金報道は高知新聞だけが突出した形になった。一人旅になったんだ。一社しか報道してなくても、徹底的に報道していく姿勢はすごいと思うよ。高知新聞で裏金報道にかかわっている記者たち何人かと話したけど、腹が据わっているなと思った。悪いことを悪いと書くのは当然だ、と。警察情報に頼りきった事件報道を続けているいまの状態では、「裏金を徹底追及する」と言いきるのは簡単じゃない。当然のことを当然と言いきるのは、結構難しいことなんだ。

高知新聞の社会部長と最初に会ったのは、青森で「マスコミ倫理懇談会」という催しが開かれたときだった。北海道で警察裏金問題に火がつく二か月前だから、二〇〇三年の九月のことだ。知っているよね、マス倫懇。新聞社だけでなく、テレビや雑誌の人も集まる。あの組織は確か、事務局が新聞協会の中にあるんじゃなかったっけ？

青森のマス倫懇に行ったとき、自分は報道本部の警察担当デスクになって半年くらいが過ぎたころだった。会場のホテルで懇親会の時間になったとき、グラス片手にうろうろしていたら、高知新聞の社会部長を見つけた。「私、高知出身なんです」と話しかけた。

「おお。そうかそうか。高知か。で、北海道新聞では何をやりゆう？」

「警察の担当デスクです」

「そうかそうか。そうしたら高知県警の捜査費が裏金になっていた問題、あれをどう思う？」

「ええ？　捜査費の裏金？　何ですか、それ？」

「知らんのか？」

「知りません」

「まっこと知らんのか？」

「はい」

そうしたら「今晩はお前に説教じゃな」と言われて、青森の夜の街へ連れて行かれて。高知は酒飲みが多いから。がんがん飲まされながら、がんがん聞かされて。

「うちの警察担当のキャップがよ、裏金のネタを拾うてきた。証拠の内部文書付きよ。で、周辺を固めたら裏金づくりをやりゆうことは間違いない、と。けんど、そっから時間がかかったわけよ。キャップはええ男やけんど、悩んだわ。これ書いたらもう警察から事件ネタをもらえんじゃろうな。事件を書けんサツ記者に何の意味があるやろうな。書かんかったら県警に大きな貸しをつくって、事件記者としてはいままで以上に活躍できるかもしれん。そうやって、ずうっと悩んだ。県警からも、いろいろ言われた。最初は書くな、書くな、書くな。書いたらお前とは永遠につき合わん。その代わり、書かんでおってくれたら、この先の事件ネタは全部お前にやる言うて」

「それであるとき、おれは言うた。やっぱり酒を飲みながらやけんどね。おい、お前、その裏金の情報はどうやって取った？　高知新聞の記者として取った情報やろ？　ふだんおれらは県民の代表です言うて取材しちょる。新聞社の記者として取った情報は、読者のもんや。記者一人の都合でどうこうしたらいかんぞ。書くための情報じゃろ？書け。県警とけんかになっても構わん。書け。読者のためや。読者は味方や。そんなこともあって、あいつもそれで踏ん切りをつけた。書いたら、すごいわ。読者から頑張れ頑張れ言うて、ものすごい応援が来る。読者はバカやないぜ。ちゃんと見よるものを見よる。新聞が偉そうになって、勝手に上へ登って行ったらいかん。新聞が勝手に読者から離れたらいかん」

　あの青森の夜の経験は本当に大きかったと思う。これが読者のために書くということか、と。日本にこんな熱い新聞社がまだあるのか、と。心底、そう思った。もし道警で裏金問題が発覚したら、自分は絶対、高知新聞の真似をしようと思った。発覚しなかったら、自分たちで裏金の端緒をつかんで、徹底的に取材しようと考えた。もっともそのときは、まさか二か月後に北海道警察の裏金問題が本当に発覚しようとは、夢にも思っていなかった——。

教え子たちと別れてホテルアルファーワンへ戻ったのは、相当に夜が更けてからだった。

富山駅に隣接するこのホテルには、以前にも宿泊したことがあった。一九九一年十二月のことだ。

当時の私は記者になって五年目で、経済部の一員として、富山に本店を置く北陸銀行の不正を取材していた。

富山と北海道は日本海回りの「北前《きたまえ》航路」で江戸時代から結ばれており、その名残りか、札幌駅近くの一等地には富山関係の事務所が入る「富山会館ビル」もある。北陸銀行も北海道内にいくつかの支店を構えていた。

その北陸銀行の支店幹部が、自行の取引先企業から値上がり確実な未公開株を購入していたのである。

私は事実確認のため、ホテルアルファーワンを拠点に元支店幹部の家を探し、訪ね、取材を重ねた。やがて元支店幹部は事実関係を認め、記事はその年のクリスマスの朝刊一面に大きく掲載された。

あのときの一連の取材が「調査報道」のおもしろさに目覚めるきっかけだった。その富山で新聞協会賞をもらい、菊池寛賞の受賞の知らせを受けた。

世話になった先輩記者がいつも言っていた言葉がある。

「新聞社は組織だからいろいろある。上昇志向だけを持つやつ、適当に仕事を済ませるやつ、まじめなやつ。種々雑多だ。ひがみも妬《ねた》みも、いろいろある。だから、いい仕事をしても、高転びに気をつけろ。竹馬は高くすれば周囲を睥睨《へいげい》できるが、転びやすくなる。高転びだけには気をつけろ」

若いころから自分に言い聞かせてきたその言葉をこの夜、私は忘れかけていたのかもしれない。

謝罪要求

――札幌、二〇〇四年十一月

北海道新聞社の本社ビルは札幌市中央区の都心にある。

東隣には札幌市役所があり、はす向かいは観光名所の札幌時計台。同じブロック内には一九九七年に経営破綻《はたん》した北海道拓殖銀行の本店ビルもあった。銀行が消滅したいまは、真新しい高層のオフィスビルが建っている。

「報道本部次長」の私の席は、本社ビルの六階にあった。東南の隅っこ、角の席。背中の壁側は本棚があり、すぐ右手側の窓からは札幌市役所ビルが見えた。窓に近づくと観光客の絶えない札幌時計台を見下ろすこともできる。

報道本部は道庁や道議会、教育、一次産業、事件事故、裁判、気象などの幅広い分野を担当する。取材部門の中核であり、約五〇人の記者がいた。その次長は、いわゆる「デスク」である。ふだんは本社に陣取り、取材の指示を出したり、部下の原稿をチェックしたりする。私は警察担当デスクだったから、事件事故報道の実務責任者の立場にあった。

その机に一通の内容証明郵便が置かれたのは、二〇〇四年十一月初旬のことである。新聞協会賞の授賞式を終え、富山から戻って二週間ほどが過ぎていた。

封書を開けると、横組みで細かい文字が打たれたペーパーが三一枚入っている。

「書籍掲載記述に対する謝罪等要求状」

これが書き出しだった。

宛先は「報道本部次長高田昌幸」と「報道本部佐藤一」。末尾には内容証明郵便を扱った「北海道庁赤れんが前郵便局」の局長印が押されている。

差出人は「佐々木友善」氏。北海道新聞が道警裏金問題の追及に乗り出した際、総務部長の要職に就いていた人物だ。

佐々木氏は在職中、北海道議会などの場で「裏金はない」との発言をくり返し、態度を変えることのないまま定年で退職した。「要求状」を出したときは、警察の外郭団体である独立行政法人自動車安全運転センター北海道事務所長になっていた。「天下り」である。

佐々木氏は一九四四年三月生まれ。一九六〇年生まれの私とは一六歳ほど年の開きがある。

福島県の出身で、縁があって北海道警察の警察官となり、一九八五年に警視へと昇進した。積丹《しやこたん》半島のつけ根にある岩内町の岩内警察署で署長を務め、監察官や道警本部の総務課長もこなした。道内随一の警察署である札幌中央警察署で署長も務め、裏金問題が起きる八か月ほど前の二〇〇三年三月に道警総務部長に就いている。

退職時の階級は「警視長」だった。

警察官の階級は「巡査」から始まり、「巡査部長」「警部補」「警部」「警視」と上がっていく。全部で九つの階級があり、頂点は「警視総監」。佐々木氏が上り詰めた

「警視長」は上位から三番目である。

全国約二九万人の警察官のうち、階級最上位の警視総監は一人、第二位の警視監は約四〇人しかいない。その下の警視長も六〇〇人弱。警察官全体の〇・二パーセントという狭き門だ。

約一万人を擁する北海道警察において警視長にまで昇進した佐々木氏は、道警のスーパー・エリートと言ってよかった。

札幌中央警察署の署長時代は、軽微な違法行為を見逃さずに取り締まることで犯罪を抑制する「割れ窓理論」を採り入れた。

これは米国生まれの考えかたで、ニューヨークのジュリアーニ市長が一九九〇年代なかばに実施し、犯罪都市・ニューヨークの治安を劇的に改善したことで知られている。東北以北で最大の歓楽街ススキノを抱えていた札幌中央署も、割れ窓理論の導入によって二年連続で犯罪発生件数を減少させた。佐々木氏もそのことを誇りに思っていたはずだ。


佐々木氏と初めて会ったのは、彼が総務部長になってからである。

ある日、私は編集局の幹部に呼ばれ、頼みごとをされた。

「うちの広告局の幹部が道警の広報の責任者に会いたがっている。交通安全の広告特集をつくりたいそうだ。警察担当デスクの君を通してアポを入れたいらしい。ちょっと、やってくれないか」

新聞には広告特集があって、少なくない収入がある。長引く不況やインターネットの興隆によって広告媒体としての新聞は魅力が薄れ、半面、役所の広報予算に目をつけた記事体広告が増えていることも十二分に承知している。「報道の人間は広告など他局の仕事には関わりません」というほど堅物でもない。

私はさっそく、段取りを整えた。

私が警察担当デスクになったのは、二〇〇三年三月である。佐々木氏の総務部長就任とほぼ同時期であり、警察担当デスクとしては初心者マークも取れていない。

「ついでにあいさつもしておこう」

当時はそんな程度にしか考えていなかった。

広告局幹部の二人と一緒に道警本部庁舎を訪れたのは、札幌にまだ寒さの残っていた時期だったと思う。

この三人に道警キャップの佐藤記者を加えた四人は夕方、道警本部庁舎のエレベーターに乗り、九階へ向かった。応接室へ通され、そこで道警幹部たちと向かい合った。先方は佐々木総務部長のほか、課長クラスの幹部が脇を固めている。佐々木氏はきちんとしたスーツを着込み、品の良さそうな細いフレームの眼鏡をかけていた。

最初はとりとめもない雑談が続く。二人の広告局幹部のうち、一人は編集局出身だ。駆け出しの支局勤務時代は、道警の誰々さんにお世話になったとか、そんな話がしばらくかわされていた。

事前の打ち合わせでは、広告局幹部を引き合わせたら、私と佐藤記者は退席することになっていた。

ところが、広告局幹部は「まあまあ」と言って、席を立とうとする私たちを押しとどめる。いま思えば「仕事が残っていますから」などと適当なことを言って去ればよかったのかもしれないが、なんとなくソファに居残ってしまった。

そのうち、広告局幹部の口から「本題」が出始めた。

北海道では交通事故による死者が相変わらず、数多く発生しています。道警さんも懸命に取り締まりや対策を続けていらっしゃるわけですが、道民に対する啓蒙《けいもう》やPRが重要なことは十分承知されていると思います。そこで提案ですが、春、夏、秋、冬の四回の交通安全運動の期間中、北海道新聞で交通安全キャンペーンの記事体広告を検討されてはいかがでしょうか。

やおら、広告料金の説明も始まった。

一回だけの広告ならこれだけ、年四回契約していただくとこれだけ。一〇〇万円単位の金額が応援セットを飛び越え、道警幹部の耳へ届く。

相手は明らかに不快そうな表情を浮かべていた。私も「北海道新聞社は確かに地元の大企業かもしれないが、初対面の相手に向かっていきなり金額交渉でもあるまい」と気になっていた。まして相手は巨大な道警組織の最高幹部だ。

佐々木総務部長の脇を固めた職員が、おもむろに口を開いた。

「残念ながら、道警が自由に使える新聞用の広報予算はありません。広報予算は道庁が持っていて、その枠の中で道警関連のものを出すことはあるんですが」

そんな説明を聞いても、広告局の先輩たちはひるまない。おそらく、営業とはこうあるべきなのだろう。強気で押していかなければ、この不景気の時代、簡単に広告など取れるわけがない。相手が官公庁であっても、事情は同じはずだ。

居づらくなった私は、そんなことをぼんやり考えていたように思う。

突然、広告局の幹部がこんなことを言い始めた。

「広告を出していただければ、通常の記事面でも道警さんに関するキャンペーンをしっかりやらせていただきます。もちろんふだんから交通安全に関する啓発記事は報道本部でも力を入れているわけですが、特別に力を入れましょう。それはここにいる報道本部の高田デスクも承知しておりまして……」

私はにらんだ。右手に座る言葉の主をはっきりとにらんだ。

いつ、どこで、私がそんなことを約束したのか。冗談ではない。広告と引き換えに記事を書くなんて、いったい、誰が約束したのか。新聞社の広告営業はふだんから、そんなことまで平気で言っているのか。

怒りが消えぬまま、面談は終わった。初回のセールスとしては首尾よく運んだ部類なのかどうか、私には判断できなかった。だが、そんなことはもう関係なかった。

道警本部庁舎を出ると、会社の迎えの車が待っていた。外はもう暗い。

北海道新聞社までは、ものの数百メートルしかない。歩いても一〇分足らずだ。ごくごく短い距離を車で移動しながら、私はほとんど無言だった。札幌の都心部は渋滞がひどく、わずかな距離なのになかなか進まない。それがよけいに私をいらだたせた。

本社に戻ると、すでに帰宅していた編集局幹部の携帯に電話を入れた。

ひどいじゃないですか。自分は編集局の人間なのに、あれでは広告局の人間じゃないですか。あまりに無節操すぎませんか。

直後、編集局幹部が広告局に抗議し、私のもとにも謝りが入ったが、後味の悪さはしばらく消えなかった。

佐々木氏から「謝罪等要求状」が届いたとき、私はあの居心地の悪かった夕方のできごとを思い出していたような気がする。

佐々木氏の、フレームが細い眼鏡。少し照度を落とした応接室。警察報道の実務責任者がいる脇でポンポンと広告の金額を口にする営業マン。記事でも協力しますと平気で言ったあの口もと。その横でひたすらいらだっていた私。

佐々木氏はあのとき、ほとんど口を開かず、悠然と構えていた。私の恥ずかしさやいらだちをも含め、何かを見透かしているような視線に思えた。

その佐々木氏からの「謝罪等要求状」は、こんなふうに始まっていた。

「本年（二〇〇四年）六月三十日、株式会社旬報社から、著者北海道新聞取材班高田昌幸氏佐藤一氏等によって発刊された

警察幹部を逮捕せよ！

という本及び、本年八月十五日、株式会社講談社から、著者北海道新聞取材班によって発刊された

追及・北海道警「裏金」疑惑

という本の中で、私のことに関し、存在しない事実が記述掲載されたことによって、公然事実を適示し、名誉を毀損《きそん》されたので、その記述に対する謝罪及び被害の回復等を要求する」

このあとに、何がどう事実と違うのか、という細かい主張が続く。

要するに、二冊の一部記述が事実と違うから、謝罪した上で本が流通しないような

措置を取りなさい、という要求だ。

佐々木氏が指摘する「名誉毀損」は四点、大きくくくると三点あった。それぞれの大まかな内容はこうだった。

一つは、北海道新聞の裏金報道が始まった直後のこと。

佐々木氏は、北海道新聞の記者にこう言った、という内容が書籍には書かれている。

捜査協力者を守るため、会計書類には捜査協力者の実名を書かないことがある、新聞記者も情報源を守る必要があるでしょう、わかるでしょ、理解してよ。

捜査協力者の身の安全を守るため、会計書類上の名前は仮名の使用を認めているが、捜査費は確実に協力者に渡っている、という理屈である。北海道公安委員会の席上、佐々木氏自身もそう発言していた。

ところが、佐々木氏は「わかるでしょ、理解してよ」という言葉を記者に言ったことはないという。言ってもいないことを書かれたから、名誉毀損だ、という主張だった。

二つめは、裏金問題に伴う北海道庁との折衝が北海道新聞に掲載され、佐々木氏自身が上司たる道警本部長から叱責《しっせき》された、という記述である。佐々木氏は、叱責された事実はないし、上司に叱られたということが広がったため、自分は能力のない男だと思われた、と主張していた。

三つめは、裏金を追及していた北海道新聞の記者に対し、道警を退職した直後の佐々木氏が「いやいやいや、いったいどこまでやられるかと思ったよ」と言った、という書籍の記載である。

佐々木氏はそんな事実はないと言い、これも名誉毀損であると主張していた。

問題とされた記述は、裏金問題に直接かかわる話ではなく、分厚い書籍の中に挿入したエピソードにすぎない。講談社の『追及・北海道警「裏金」疑惑』は四九六ページ、旬報社の『警察幹部を逮捕せよ！』は一七七ページ。佐々木氏が問題とする箇所は、合計で十数行ほどにしかならない。

私は拍子抜けした。

抗議の対象は新聞記事ではない。抗議の主が新聞記事そのものを対象とせず、記事から派生した書籍など別媒体の内容を対象にすることは、報道現場では珍しいことではない。そんな回りくどい抗議に遭遇するたび、私は「相手は腰が引けている」と感じてきたし、佐々木氏の「要求状」もその典型に思えた。

問題視された部分が、枝葉末節な箇所だったことも拍子抜けした理由の一つだ。佐々木総務部長とその上司たる芦刈勝治道警本部長とのやり取り、ほかは佐々木氏と取材班記者とのやり取り。指摘事項は、大きく分けてこの二つしかない。書籍全体は道警の組織的な裏金づくりの実態を詳細に告発する内容であり、佐々木氏が取り上げた記述は枝葉のエピソードでしかない。

何より取材は過不足なくできている。「記述はねつ造だ」と指弾される覚えはまったくなかった。

抗議対象の記述が果たして名誉毀損に該当するのか、という根本的な疑問もあった。総務部長まで務めた佐々木氏がそんな法理を知らないはずはない。

警察官は退職後も「警友会」というOB組織を通じて、鉄の団結を延々と続ける。佐々木氏もそうした環境の中で、「新聞社に抗議したぞ」という内輪向けの実績が必要になったのかもしれない。

私は、そんなことさえ考えていた。

上司だった報道本部長の山本哲史《やまもとてつふみ》氏に相談し、とりあえず回答を出すことになった。当時の取材記者にあらためて事実関係を確認するなどして、私が回答文書を作成した。印刷物を上司に見せ、了解をもらい、私の名前で「ご回答」として返送した。十一月十二日のことである。

「ご回答」の中では、書籍二冊の記述に問題はありませんと明示した上で、末尾にこんな文章を記した。

「裏金は北海道警だけでなく、その後、全国各地の警察で表面化していますが、私どもはこうした不正・不適正な状況を早く脱し、過去の事実を各警察が進んで明らかにし、国民の安全を守る警察活動が真に国民の信頼を取り戻し、支持を受けることを切望しています。道警裏金問題発覚時に、道警本部総務部長という枢要な立場におられた佐々木氏と、報道に従事する私どもとはそれぞれ立場は異なっておりましたが、しかし、少しでも早く、警察が不正・不適切な経理と決別し、過去の事情や今後の方策を広く国民に説明して再出発を図ることの必要性においては、その考えは同じであろうと思料します」

そのころ、裏金問題は最終盤に差しかかっていた。

道警は一九九八年度から三年間、組織内部で裏金をつくっていたことは認めていた。しかし、内部調査の結果はまだ公表されていない。どこまでを裏金と認めるのか。「私的流用」という名の横領は認めるのか。どんな線引きで問題を軟着陸させるのか。本当にすべての事実を明らかにするのか。

関心事は山のようにあった。

そんな時期だったからこそ、「ご回答」の末尾の文章は呼びかけ調になっている。

道警がちゃんと裏金づくりの全容を明らかにするよう、佐々木さんも協力すべきではないでしょうか。信頼回復のためには道警の大幹部だった方の力は大いに役立つのではないでしょうか。組織に染みついた陋習《ろうしゅう》とはもう決別するときではないでしょうか、と。

その年の十二月末。

「ご回答」を返信して、一か月ほどが過ぎたころ、佐々木氏から「謝罪等再要求状」が届いた。ふたたび私と佐藤記者宛てである。年末の慌ただしい最中《さなか》とあって、この文書が届いたときの印象はほとんど残っていない。

そのころ、東京・虎ノ門のホテルオークラで菊池寛賞の授賞式があった。

北海道新聞が菊池寛賞を受賞するのは初めてである。当日の模様は、ノンフィクション作家の小林道雄《こばやしみちお》氏がインターネット上の日記「偏屈庵日乗」に残している。

「四時前、家を出てホテルオークラで開かれる菊池寛賞の授賞式に向かう。呼ばれたのは北海道新聞の道警裏金問題取材班が受賞したため。北海道新聞の記者諸兄が、私を呼ぶように手配してのこと。会場であるコンチネンタルルームの受付で、雑誌『世界』の岡本厚《おかもとあつし》編集長と会い、贈呈式にのぞむ。今回の受賞者は、宮城谷昌光《みやぎたにまさみつ》氏、木村《きむら》光一《こういち》氏、中村勘九郎《なかむらかんくろう》氏など六人の方々。道新取材班を代表してあいさつした中原洋之輔記者の話によれば、いまも追い続けている道警の問題で高田昌幸デスクと佐藤一キャップは出席できなかったとのこと。その点はおおいに残念だった」

小林氏はかねてから日本警察の裏金問題に深い関心を持ち、「警察の腐敗と不祥事は、すべて不正経理から発しているといっても過言ではない」との警告を発し続けてきた。

謝罪等要求状の対象となった『追及・北海道警「裏金」疑惑』では、編集者の依頼で巻末に解説を書き、こんな内容を記している。

「北海道新聞の裏金追及については当初、過去のいくつかの報道事例と同様、一過性に終わると思っていた。警察組織に染みついた不正経理の全容に切り込むことは容易ではない。何より新聞が事件事故ネタで糊口《ここう》をしのいでいる以上、本格的な追及は新聞経営の根幹を揺るがしかねない。北海道新聞の記者諸君がそれを知らないはずはない」

「ところが、『今回もしょせんは単発の報道に終わるだろう』と思っていた自分はその不明を恥じた。北海道新聞の報道は日に日に激しさを増し、しかも裏金問題は組織全体の問題、組織構造の問題であるとの視点で一貫していた。だから毎朝、北海道新聞のホームページを開いて、裏金問題のニュースをチェックすることが日課になっていった」

佐々木氏からの文書は、年が明けてからも次々と届いた。

二〇〇五年の二月の文書は報道本部長宛てである。タイトルは「質問並びに再々要求状」だった。

報道本部長の山本氏は「今度はおれが返事を出すよ」と言い、私に下書きを書くよう命じた。報道本部長は二月十四日付で返信している。

すると、また文書が佐々木氏から届いた。報道本部長名の回答から二日後、二月十六日の日付になっている。

「『質問並びに再々要求状』に対するお答えについての確認・質問及び要求状」

これが文書のタイトルだった。

文書はその後も止まない。編集局長や社長、北海道新聞の第三者組織である「読者と道新委員会」など宛先を次々と変えながら文書は届いた。

二月二十一日「報道被害に関する調査等のお願い」

五月六日「読者と道新委員会の回答要請と照会について」

五月十三日「再度の回答及び資料等開示の要求について」

六月十日「『読者と道新委員会』に関する質問について」

七月十五日「ねつ造記事に関する謝罪及び調査等の要求並びに質問状」

七月二十日「『ねつ造記事に関する謝罪及び調査等の要求並びに質問状』の質問の追加について」

佐々木氏が発信した文書は、確認できただけで計四〇通に達している。

書籍二冊の中には、佐々木氏が北海道新聞取材班の記者と言葉をかわした場面が数か所記されている。四〇通に及ぶ文書のほとんどは、その記者とのやり取りを否定し、「北海道新聞はねつ造体質だ」と主張していた。

さらに、錐《きり》で穴をこじ開けるように問題点を広げ、自らとは直接関係のない事柄も取り上げるなどして、毎回質問を追加していた。

たとえば、二〇〇五年七月十五日付。

A４判で五八枚に及ぶ文書は、過去の書状と合わせ質問が計九八項目になった。質問は「道新の記事は犯罪であり、人権侵害であることについて」といった項目ごとに分類され、長い文章が連なっていた。こんなふうに、である。

「道新の虚偽、虚構の報道は私にかかわる記事だけではなく、後述した事例が示すように、あまりにも多く、まったく信用のできない新聞社であるという強い意識を持っていたものであり、何を話しても恣《し》意的に、道新の意図することに都合のよいように、いわば書き得になることを計算に入れて書かれてしまうことをよく知っていたものであり、強い警戒感を持っていた（から書籍に書かれたような話は北海道新聞の記者とはかわしていない）」

「刑法上の被害者は個人です。その個人が、たんなる問題提起ではなく『犯罪の被害』を訴えているのです。道新はこのような訴えに対し真摯《しんし》にかつ誠実に対応する社会的な責任があります。刑法に規定（第二三〇条）する具体的な犯罪としてその被害者から指摘されているのであるから、調査し、その調査結果にもとづいた具体的な反証で（私の）指摘を否定すべき」

刑法二三〇条は、名誉毀損《きそん》罪である。法定刑は三年以下の懲役もしくは禁固、または五〇万円以下の罰金だ。

文書はこうも記していた。

「報道機関が記事に関して『ねつ造』と指摘されるのは、マスコミ人として『大罪』を犯していると指摘されていることなのです」

「このようにたびたび虚偽、虚構の報道、書籍の記事掲載が続けられているということは、北海道新聞社には、このようなことを防ぐような自浄能力がないものと認めざるを得ません……虚偽報道、書籍の虚偽記述や、社会的に非難されるような問題のある取材活動により被害を被った者としてふたたびこのようなことを起こさないよう（要求する）」

佐々木氏はこの七月十五日付の文書を出した五日後、さらに文書を送りつけてきた。質問が二つ追加され、質問数は合計でちょうど一〇〇になった。

文書攻勢に対し、取材班の記者や編集局の幹部は佐々木氏の真意を計りかねていた。ねらいは何か。たんなる嫌がらせではないのか。定年退職の間際に裏金問題が起き、晩節を汚されたとの思いがあるのではないか。OB組織の「北海道警友会」から何かを言われているのではないか。

回答を出しても、そのたびに言葉尻《ことばじり》をとらえて新たな質問を浴びせてくる。こういう相手に時間を費やすのは無意味ではないか。

一〇〇項目になるまで少しずつ質問を追加してくる佐々木氏の姿は、道警の最高幹部だった人物の所作とは思えなかった。

佐々木氏は「道警に裏金はない。裏金など知らない」と言い続けて退職したが、当時、私や佐藤一記者は、互いにこんなことを口にしていたと思う。

「佐々木さんは本来、こんな文書を出している場合じゃない。OBになったとはいえ、最高幹部の一人だった人間として、裏金問題について道民に語るべき何かがあるはずだ。本当に何を考えているのか」と。

佐々木氏の抗議は書面に限られていた。郵送の文書だけで、ひたすら抗議や要求を続けていた。電話があるわけでもない。会社への訪問があるわけでもない。出版社には何の連絡もない。「要求状」を乱発していた当時の佐々木氏は、自動車安全運転センター北海道事務所に勤務していた。センターは道警本部庁舎の一階に事務所を構えていた。佐藤記者ら警察担当記者が集まる記者室は同じ庁舎の二階にある。階段かエレベーターを使えば、まさに目と鼻の先である。自ら足を動かさなくても、同じ庁舎内だから連絡の方法はいくらでもある。

にもかかわらず、佐々木氏はそれすらしなかった。ひたすら書面を発し続けた。論旨はいつも同じことのくり返しだったが、文面は相当に長く、それが逆に、ある種の執念を感じさせた。

もちろん、文書がいくら届いても、取材班の記者たちは何ら動揺しなかった。最終盤を迎えた裏金問題の取材に忙しく、一時は話題になっても、結局は「かまっていられない」という雰囲気が支配的だったように思う。文書が届いても次の瞬間には、取材に没頭していた。

かりに何か不安を覚えるものがあったとしたら、それは抗議の内容ではなく、佐々木氏の「執拗《しつよう》さ」に対してであったと思う。

駆け出し時代

——小樽、一九八六年

北海道警察元総務部長の佐々木友善氏から「謝罪等要求状」が届いていたころ、私の新聞記者生活は二〇年目を迎えようとしていた。

北海道新聞社の編集局には全国から人が集まっている。九州、四国、本州。記者の出身地を地図に落としていくと、ほとんどすべての都道府県が埋まるはずだ。約六〇〇人いる記者職のうち、北海道から遠く離れた、私と同じ高知県の出身は四人を数えた。北海道出身者は三分の一になるか、ならないか程度だったと思う。

新人記者のころ、取材先の人たちから「高知の人がなぜ北海道の新聞社に入ったのですか」と何度も尋ねられた。おそらく、「北海道が気に入ったから」「憧《あこが》れの大地でした」といった回答が期待されていたのかもしれない。

残念ながら事実はそうではなかった。私は北海道新聞の記者になりたかったというよりも、新聞記者になりたかったのだ。選んだのは会社ではなく、職種だった。

一九七九年春から一九八〇年初夏にかけての一年あまり、私は東京都渋谷区の代官山付近に住んでいた。

高知の高校を卒業したものの、大学受験に失敗して行く先も決まらず、なかば逃げるようにして上京し、朝日新聞の販売店で新聞奨学生になった。働きながら予備校に通い、大学を再度受験しようと考えたのだ。

販売店のあっせんで住んだアパートは、第二次世界大戦をくぐり抜けたような、古い木造だった。

誰かが階段を上るだけで建物が大きく揺れる。二階は三戸。一番手前が私で、となりは長野県出身の六〇代の日雇い労働者。一番奥が板前の見習い。一階にはどういう人が住んでいるのか、ついぞ知らぬままだった。

部屋は四畳半ではなく、畳を横に四枚並べた四畳一間。窓を開けるととなりのビルの壁とのあいだにはわずかな距離しかなく、曇りの日は昼間でも電球をつけていた。

配達する新聞は朝日新聞本紙が約三五〇部、ほかにスポーツや専門紙があって、全部で四〇〇部ほどになった。

東急東横線の代官山駅近くの住宅から始まり、カルピスの本社を経て、マンション群へと進む。それから駒沢通り沿いのアパートや商店などを配達し、店に戻る。

朝三時になると、トラックが店に着き、梱包《こんぽう》された新聞のかたまりが店の前の道路に放り投げられた。梱包を解き、チラシの束と組み合わせて店を出発するのが朝四時。配達を終えると朝六時半。夕刊も午後三時には新聞輸送のトラックが店に着いた。

配達を終えるのは午後六時ごろだ。それから翌日の朝刊にはさみ込むため、二〇種類以上のチラシの組み合わせを四〇〇部近くつくる。

当時、販売店には自動折込機がなく、すべて指サックをはめての手作業である。チラシの準備を終えると、いつも真夜中に近かった。

当時の代官山はしゃれた店もそれほどそろっておらず、古ぼけたアパートがたくさんあった。のちに民営化されてJRとなる国鉄の山手線は、初乗りが八〇円だった。そんな時代である。


新聞配達を始めて一か月ほどが過ぎたころだったと思う。

夕刊配達中、駒沢通りに近いビルの中を配り終えて道路に戻ると、自転車が倒れ、新聞という新聞が風で乱舞していた。必死で拾い集めていると、ビルの一階にあるブティックから若い女性が出てきて「いや、もう、汚い。早くきれいにして」と怒鳴られた。


いまも、あの光景は忘れない。

風の強い小雨まじりの日に、倒れそうな場所に自転車を置いておいた自分が悪かった。そんなことはわかっていた。

それでも、あっちこっちへ走ってゴミと化した新聞を拾い集めながら、無性に悔しかった。通りの反対側まで飛んでいった新聞紙を必死に追いかける姿を、その場にいた人たちは笑って見ていたと思う。少なくとも自分はそう感じていた。

販売店に戻ると、オーナーに「駅で買ってきて配達しなさい」と言われた。国鉄恵《え》比寿《びす》駅の売店、地下鉄恵比寿駅の売店、そして東急東横線の代官山駅と中目黒駅の売店。躍起《やっき》になって本紙を買い集め、何とか配り終えると、すっかり暗くなっていた。オーナーは「うちは余分な部数はほとんど取っていない」と日ごろから言っていた。

配達されない新聞を本社が販売店に大量に買わせる「押し紙」は、私が働いていた販売店に限って言えば、本当になかったのかもしれない。

店に居た若い従業員たちは「空手の師範をめざしている」とか、「シンセサイザーで新しい音楽をつくってメジャーになる」とか、みんなそれぞれに夢を語ってはいた。しかしいま思い返すと、彼ら自身、それがすでに叶《かな》わぬ夢になっていることになかば気づいていたのかもしれない。夢を語るにしては言葉に輝きはなく、それに向かって必死で走っている感じもしなかった。

一九八〇年初夏までの一年あまりは、そうやってすごしていた。

電車でたった一駅しか離れていないのに、渋谷の街にはめったに出なかった。新宿や池袋はさらに遠かった。販売店と四畳のアパートと、国鉄恵比寿駅前の食堂と本屋と、コインランドリーと、代官山にあったお気に入りの中華料理店と。それらのあいだをぐるぐる回っていただけだった。映画も行かなかったし、ひまなときは部屋でFMラジオばかり聞いていた。

大都会に気後れしていたのだと思う。

代官山時代のよい印象は、数えるほどしか残っていない。

一つは、カルピス本社の受付の女性がいつも「これをどうぞ」と夕刊配達中に冷たいカルピスを出してくれたこと。

もう一つはあるマンションの管理人だ。

若い髭面《ひげづら》の管理人は再三、「君のような人が日本を支えているんだ」と励ましてくれた。私が「大学に行くことが決まりました」と報告したら、次の日、渋谷のデパートでわざわざライターを買ってきてくれ、合格祝いだとプレゼントしてくれた。

そんな日々の中で、私は新聞に親しんでいった。

先々の進路も定まらぬまま、不機嫌そうな表情で作業をくり返す奨学生仲間。朝からよくしゃべる近所の手伝いのおばちゃん。やたらと手際がいい年配の専従職員。そういう人たちが自転車やバイクにまたがる前、新聞をめくり、つかの間、読みふけっていた。

慣れてくると、私も配達前、隅から隅まで読むようになった。

読めば読むほど、日本や世界のことについて、自分が何も知らなかったことに気づかされた。英国でサッチャー政権が誕生したことも、ソビエト連邦が突然アフガニスタンに侵攻したことも、販売店の板張りの作業場で知った。「アフガン」と国名を縮めて表記することを知ったのも、その作業場だった。

配達に行ったら行ったで、朝早くから玄関先で「ご苦労さん」と言いながら、待っている人がいた。ドアの郵便受けに八つ折りにした新聞を差し込んだとたん、バタンという音を立てながら内側に取り込まれることも珍しくなかった。大事件が起きた日は、玄関先で立って夕刊を待っている人もいた。

一九七九年十月のある日の夕刊は、何人もが外で配達を待っていた記憶がある。カレンダーをさかのぼってみると、おそらく十月二十七日土曜日のことだ。

前日、韓国・ソウルのホテルで朴正熙《パクチョンヒ》大統領が側近の中央情報部（KCIA）部長に銃で暗殺された。事件発生は午後七時ごろだから二十七日の朝刊にも記事は出ていたかもしれないが、ニュースの大展開は夕刊だった。大ニュースだったため締め切りを遅らせたのか、新聞の店着も遅れた。

いまと違って、インターネットなど存在もしない、想像もできない時代の話だ。ニュースの大半は紙の新聞が頼りだった。実際、朴大統領暗殺の翌日は代官山だけでなく、全国のあちこちで多くの人が、紙の配達を待っていた。

おそらくはそんな経験が積み重なって、自然に「新聞記者になりたい」という思いがつのっていったのだと思う。

大学四年生、五年生のときは連続で新聞社の試験に落ちた。いったん埼玉県所沢市で別の仕事に就いたものの、どうしても記者になりたいとの思いは消えず、就職後も試験を受け、ようやく北海道新聞社に合格した。

入社は一九八六年四月、初任地は小樽《おたる》支社報道部だった。

小樽市は札幌から快速列車で約三五分。人口約一七万人の街はそのころ、観光都市として飛躍を始めようとしていた。私が赴任したちょうどその日、のちに観光のシンボルとなる小樽運河のガス燈《とう》と遊歩道が完成している。

小樽の取材拠点は「支局」より一段上の「支社報道部」である。報道部長を筆頭にデスク二人、記者七人、カメラマン二人という陣容だ。

職場に足を踏み入れた瞬間のことは、いまも記憶から消えない。

あいさつをひと通り済ませようと、広めの部屋のあちこちに声をかけて歩いた。すると、壁側にいた初老のデスクが「おめえ、あいさつくらいはできるみたいだな」と言う。初対面の私にいきなり、おめえ、である。

「でな、最初の三か月、君の担当は水族館だ。それから展覧会とか運動会とか、そういう行事ものを書いてくれ」

事件事故の修羅場や深層・潜行取材が明日にも始まると思い込んでいた私は、かなり拍子抜けした。当時もいまも「おたる水族館」は全国でも指折りの規模と展示を誇る。

でも「水族館はないだろう」と思った。

それでも意地があって、水族館の記事を書き続けた。「ペンギンの赤ちゃん誕生」とか、「イルカが新しい芸を特訓中」とか、そんな記事である。

何しろ、全国有数の施設だ。かりに一種類ずつ取り上げたとしても、数か月間はネタが持ちそうだな、とバカなことも考えていた。同時に小さな街の催しを記事にする作業も続けていた。

原稿は次々にボツになった。

緑色の太い軸の「ボールぺんてる」でマス目を埋めた原稿用紙を持っていくと、「おめえのデスク」はサーっと見て、水色の大きなポリバケツに丸めて捨てる。

「どこが悪いんですか?」と聞くと、「自分で考えれ」と一喝された。ガツン、という感じだ。とにかく恐い。

それでも、何回もそれをくり返していると、ようやく「わかってきたか」と言ってくれる。

昼間は市役所の記者クラブを拠点にすることが多かった。

市役所の本庁舎は、一九三三年に完成した重厚な石造りだ。「小樽市政記者クラブ」は二階にある。同じ階には、市長室や助役室など幹部の個室が並んでいた。本庁舎の建物は天井がやたらに高く、そこがまた歴史を感じさせた。

記者室は小学校の教室を一回り小さくしたくらいの広さだった。壁に向かって各メディアの机がぐるりと並んでいる。

記者が常駐しているメディアは、北海道新聞、北海タイムス、朝日新聞、毎日新聞、読売新聞、NHK。ほかに地元民放の机もあった。最大勢力の北海道新聞は、机が四つか五つ。部屋の入り口には女性の受付係がいた。市役所の嘱託職員だ。

午前九時過ぎになると、廊下をはさんだ反対側の広報課から職員が「広報メモ」を持ってきた。青焼きコピーの一枚紙に、その日、小樽市内で行われる予定の行事が時間順に並べて書いてある。それぞれの主催者の連絡先も書いてあった。たいていは小樽市か関連団体が主催であり、連絡先の多くは内線電話の番号だった。

市役所担当のキャップは広報メモを見て、翌日朝刊の小樽版にどんな記事を出稿するかを考え、若い記者に取材を指示する。だから、小樽版の記事は大半が「発表記事」や「行事記事」で埋まっていた。

小樽へ赴任してから数日後だったと思う。

市役所キャップから「これを取材して短い記事を書くように」と言われた。渡された青焼きコピーの「広報メモ」にキャップが線を引いてある。小樽市消防本部が市内の幼稚園の子供たちに「防火標語の入った鉛筆をプレゼントする」という行事だ。内線電話で消防本部に連絡すると、何時にどこどこの幼稚園に来てください、という段取りになった。

幼稚園には遅れて到着した。贈呈式はどうやらまだ始まっていない。助かった、間に合ったと思ったら、消防本部の係の担当者が、記者さんが来ないと始められないですよ、と言う。

子供たちに鉛筆を手渡す瞬間を何枚か撮影し、先生たちの話を聞いて取材は終わった。

短い、二〇行ほどの記事になった。新聞記者として書いた最初の記事だった。

「発表もの」が少ない日は、朝からキャップの表情が険しかった。入社したばかりの私に向かっても「何かネタを持ってないか」と声がかかった。

私はいまになっても「新聞は発表記事が多すぎる」「発表依存がひどい」といった批判を公言している。記者時代から公の出版物や会合で同種の発言を続けてきたし、その考えはまったく揺るがない。

ただ、地方の小都市で「発表もの」が消えたら、その日から新聞の地方版はおおいに苦しむだろうとも思う。

何しろ、小さな都市は小さな都市なのだ。「発表」が皆無であっても紙面が埋まるようなニュースがいつも転がっているわけではない。新聞は大ニュースばかりで紙面が埋め尽くされているわけではないし、全国的なニュースだけがニュースでもない。

「広報メモ」すら出せないような過疎の町村は、日本列島のいたるところにある。「何がニュースか」の価値観を根本から変え、それに沿って仕事の進めかたや組織のしくみを変えないかぎり、実態はなかなか変わらない。そうした全体システムを変えずして、取材現場だけに「発表ものは書くな」と大号令を発したら、発表取材に慣れ親しんだ記者はおそらく立ち往生する。

それが現実だ。


「広報メモのない世界」と言えば、こんなことがあった。入社して一年が過ぎようとしていたころだ。

朝、相当に早い時間、「おめえのデスク」から自宅のアパートに電話があった。

「タイムス見たか？」と言う。

一九九八年に廃刊となった「北海タイムス」は当時、北海道新聞と同じ地元紙で、当面のライバルだった。「タイムスだけには抜かれるな」と先輩たちはくり返していた。その朝刊を見たか、と言うのである。

嫌な予感がした。

「見てません」と言うと、「見てから電話すれ！」と電話を切られた。

小樽警察署に駆け込み、まだ当直体制中の警察官に「タイムスを見せてください」と頼んだ。一面、社会面、小樽版……。さして重要そうな記事は見あたらない。

私は記者室に行き、受話器を握った。

「見ました」と私。

「やられてるべ」とデスク。

「いえ、何も出ていませんが」

「タイムスに先を越されてっだろ」

「何も出てません」

「小樽版を見ろ。出てるべや」

「？」

「小樽の都通り商店街に雛《ひなまつ》祭り人形が並び始めた、って。出てるな？」

「？」

このあたりでデスクの声は一段と大きくなったと思う。

「おめえ、ちょっと前におれが言っただろうが。雛人形が店先に出てるから小樽版で記事にしろ、って。なめてるんじゃねえか？　季節ものの記事だからって、適当にやるんじゃねえ。こういうものであっても、先にやられたら悔しいと思わないのか？

どうなんだ？　悔しいと思わなかったら記者じゃねえぞ」

似たような小言や叱責《しっせき》は何度もあった。正直、この野郎、と思ったことは何度もある。ほかの同僚記者も心底慕っているようには見えない。出世とは無縁で、本人もそんなことには関心がなさそうだった。

それでも「おめえのデスク」には、どこか惹《ひ》かれるものがあった。

「街を歩け。外に出ろ。記者クラブに籠《こ》もるな」

「一日に三人は新しい人に会え。それも名刺を持っていないような人と、だ」

「同僚と飲んで歩いて楽しいか？　どうせ飲むなら街の人、ふつうの人と飲め。記者が群れるのは見苦しいぞ」

そんなことを再三、文字通り口が酸っぱくなるほど言われ続けた。


二年目、警察担当記者になった。

長きにわたる北海道警察との接点は、そこから始まった。

警察担当になると、私は引っ越した。以前のアパートも小樽警察署に比較的近かったが、今度は警察署の真裏だ。部屋の窓からはいくつかの取調室や裏の駐車場が見渡せた。同じアパートには交通巡視員や若い警察官たちも幾人か住んでいた。

札幌近郊の都市とはいえ、小樽はのどかで平和だった。凶悪事件はない。大事故もめったにない。調べてみたら、捜査本部が置かれるような大事件は、四年前の殺人事件が最後だった。そのときも事件は数日後に解決している。

小樽警察署の建物も市役所同様に石造りで、相当の歴史を感じさせた。署内では脚の隅に「小樽市警」と墨書きされた机がいくつか使われていた。警察組織が完全に自治体警察だった終戦直後の名残りである。

石段を昇って建物に入ると、一階のすぐ右手側に副署長室があった。副署長は警察署のナンバー・ツーであると同時に、広報責任者でもある。副署長室の奥には署長室があった。そのほか一階は刑事一課や総務課、警務課。二階に行くと、防犯課や刑事二課や交通課などが配置されている。

記者室は一階、副署長室と玄関をはさんで反対側にあった。小樽のような小さな街であっても、いくつも記者クラブが置かれている。「小樽警察署記者クラブ」もその一つだ。

警察担当になってからは毎朝、会社ではなく警察署に通った。まず、記者室に行く。ライバル紙に目を通し、それから署内の各課を覗《のぞ》いて歩く。

昨晩、事件はありませんでしたか、捜査車両が朝からいないじゃないですか、留置場に運ぶ弁当が増えたみたいですね。そんなことを言いながら、一日に何度も警察署の内を回る。「サッ回り」という言葉はここから生まれたのかと得心するほど、ぐるぐる回るのだ。

新人同然の記者にとって、捜査員と親しくなるのは簡単ではない。まず、警察官がなかなか相手にしてくれない。

「こんど小樽警察署の担当になりました。よろしくお願いします」と言っても全員が応じてくれるわけではない。無視されたり、追い払われたり。殺人などの凶悪事件を担当する刑事一課では最初、「出て行けよ！」と怒鳴られた。「課長さんにあいさつに来ました」と言っても「あいさつなんかしなくっていい」と追い返された記憶もある。ろくに世間も知らぬ若い記者への洗礼だとは思った。それでも「帰れ」だの、「用はないよ」だのといった言葉を浴び続けると、けっこう、しんどくなるものだ。

ようやく話をかわすことができるようになると、決まってこんなことを言われた。

「君ら、いい大学出て、いい会社に入ったんだもんな。おれたちは違うから」

「おれたちは毎日、死体を扱うんだぞ。臭いが消えないんだ。難しい試験問題ばかりやってきた君らは、エリートなんだよな。死体を扱う仕事をやっている捜査員の気持ち、簡単にはわからないだろ」

地方の警察では、幹部もノンキャリアだ。高校を卒業してすぐ警察官になった人もいっぱいいる。そういう輪の中へ、大学を出たばかりの世間知らずが軽いノリで接しようとしたら、どうなるか。待っているのは反感と無視だけだ。

全国で約二九万人を擁する警察組織にあって、国家公務員上級職試験を突破した「キャリア警察官」は五〇〇人ほどしかいない。北海道警察では、道警本部長ら数人だけ。地域にずっと住み続けるほかない地元採用の警察官と違い、キャリア警察官は駆け足で北海道を去り、出世街道をひた走っていく。

記者は人脈が勝負だ。何か起きたとき、電話一本で真相を語ってくれる人をどの程度持っているか。それですべてが決まる。

小樽は平和だと言っても、いつ、何が起きるか、わかったものではない。「その日」に備え、人脈を広げる努力を欠くと、そのとたんにこの商売は終わりである。デスクからは「とにかく情報源をつくれ。親しい警察官をつくれ」と言われていた。相手に覚えてもらうために自分の名前を書いたゼッケンをつけて通え、夕方の退庁時には玄関先で「ごくろうさまでした」と大声で言え。冗談まじりに、そんな「秘策」を伝授する先輩もいたほどだ。

夕食の最中でも未明の時間帯でも、事件や事故が起きると、現場に行かねばならない。寝入りばな、「火事です、火事です」という消防からの電話で起こされた経験も数えきれないほどある。

半年ほどが過ぎると、幹部の出勤前に机の前の椅子に座っていても文句を言われなくなってきた。自宅に上げてくれる捜査員も出てきた。それでも小樽は平和だったから、社会面に大きな見出しが立つような記事はめったに書くチャンスがない。

一方、時間がたつにつれ、警察取材に疑問を持つできごとが目の前でいくつか生じた。

小樽市のとなりに余市《よいち》という小さな町がある。ニッカウヰスキー発祥の地として知られ、赤屋根の由緒ある蒸留所には大勢の観光客が訪れる。

余市町と小樽市の境界に近い山間《やまあい》に、産業廃棄物が大量に投棄されている……。そんな内部告発の電話が寄せられたことがある。夜間、札幌方面から大型ダンプが頻繁に訪れ、建設廃材を不法に捨てているという。

夜間の張り込みを続けると、確かに大型ダンプが次々とやってきた。投棄の様子を写真に撮り、ダンプの車体に書かれた事業者名を控え、ナンバーもメモした。

昼間、あらためて現場に足を運ぶと、すさまじい量の廃材が積み上がっていた。

いよいよ事業者に直接取材を敢行しようかと考えていたころ、上司が私に告げた。

「それ、サツに情報を渡せ。サツに事件としてやらせろ」

取材で得た情報を警察に提供し、刑事事件として捜査してもらう。その代わり、捜査着手の際は優先的に教えてもらえるから、スクープとして記事を書くことができる。

そんな理屈だった。

納得できたのか、できなかったのか。その記憶はいまとなっては明瞭《めいりょう》ではない。情報は結局、たいして役に立たなかったようで、事件も大きくはならなかったが、言いようのない違和感が残った。似たような経験はその後、本社社会部で警察担当になったときにもあった。一九九〇年代半ばの話だ。

あるとき、私は一通の「念書」を入手した。札幌市近郊の国有地を不当に安い価格で払い下げてもらい、その後に高い価格で転売しようという内容だ。念書には数人が署名し、赤い朱肉の印鑑が押されていた。署名欄には、国有地を管理する北海道財務局の関係者、政治家の秘書、有力経済人らの名前もある。

周辺取材を進めると、念書に書かれた内容に沿って実際に国有地が転売されたこともわかった。念書作成にかかわった一人も事実関係を認めた。大きな「疑惑」に手がかかった。そんな手応《てごた》えがあった。

警察担当の上司に取材の流れを話すと、彼は「その念書、少し貸してくれないか」と言う。朱肉つきの紙を渡すと、しばらくして戻った彼はこんなことを言った。

「あの紙、サツにあげたからな。連中、喜んでいたぞ。これでしばらく、うちもネタがもらえるかもしれない」

知能犯や経済事件を扱う道警本部捜査二課の幹部に念書を渡したのだという。そして事件着手の際には「うちの社が優先的に書かせてもらえるから」と。

警察と報道は、持ちつ持たれつ。情報はギブ・アンド・テイク。そんな文化を双方が長きに渡って築いてきたことは、十分にわかっていた。その流れの中で私も仕事を続けていた。

それでも、「念書事件」は自分で最後まで取材したかった。何より物証が手もとにある。

「今後の取材もあるし、念書だけは戻してもらえませんか。コピーもないし」

すると、彼は言った。

「コピー取ってないのか？　それはおまえが悪い。それに道警に渡してしまったものを戻してくれとは言えないだろ。しばらく待とう。事件になるまで待とう」

結局、念書は戻らぬまま時間が経過した。やがて情報源だった年配の男性が病死した。記事にも事件にもならず、念書の行方はいまもわからない。

警察担当記者は、なぜ捜査員の後ろを歩いていくのか。なぜ捜査情報をニュースにする必要があるのか。自分で端緒を摑《つか》んだ情報については、最後まで自分で取材し、記者の責任できちんと報道すべきではないか。

そんな疑問に対し、先輩記者たちは、納得できる解答を出してくれない。

逆に、こんなことをくり返し言われた。

「警察が何を捜査しているか、まずは捜査情報を集めろ。いつ逮捕かを探れ。警察の立件後には容疑者のことをばんばん書く。そういう事件ネタを追う。それが警察担当の本務だ」

私が道警担当の現場記者だったころ、道警記者クラブの北海道新聞ブースは、記者室の一番奥にあった。机と椅子、寝床代わりのソファで足の踏み場もない。ブースの一角には、手書きの棒グラフが掲示され、各記者の名前ごとにグラフの棒が上に伸びていた。グラフにはキャップの名前を冠した「○○杯争奪」というタイトルがつけられている。

捜査情報などで他紙に先んじる「スクープ」を書いたら、グラフは上に伸びる。棒の長い記者は優秀で、上に伸びない記者はダメ記者と呼ばれてしまう。営業など成果を数字で示すことが可能な世界では、成績グラフは珍しくないかもしれないが、報道の世界での成績グラフは、どう考えても不似合いだ。でも、そんな疑問を口に出す人はいなかった。

他紙に出し抜かれた記者がブースの前で長時間、正座を強いられたという話もあった。丸坊主にされた若い記者もいる。被害者の顔写真を入手できなかった新人を椅子ごと蹴飛《けと》ばした先輩もいる。見事なまでに体育会であり、軍隊のようでもあった。

その一方では、道警の不祥事を書かない見返りに事件情報をもらったことを武勇伝のように語る人がいた。交通違反を犯した社員の処遇を「警察に頼み込んだよ」と語る上司がいた。道警人事への影響力を誇示する大先輩もいた。

「サツ回りなんてゲームだよ」

そんな文化の中、ゲームに参加できない記者は「使いものにならない」という烙印《らくいん》を押され、異動していく。

警察担当記者とは何か。

何のために警察に張りついているのか。新聞は権力監視のために存在しているはずではなかったか。

疑問をつのらせながら、私は鬱々《うつうつ》とした日々をすごしていた。

裏金報道

——札幌、二〇〇三年十一月

小樽支社報道部で駆け出し時代の三年間を終えた私は、その後、札幌の本社経済部へ異動した。金融機関をおもに担当し、そこで三年。その次は本社の社会部へ移って五年半。さらに東京政治経済部で五年間をすごすなどして、二〇〇三年三月から本社の報道本部で次長になった。

報道本部とは、社会部と政治部が合体した部署で、発足から日も浅かった。次長職の「デスク」は七人いたと思う。私の担当は「警察・司法」である。

北海道警察の裏金問題は、警察担当デスクになって一年にも満たない時期に表面化した。一連の報道に着手した日のことは、いまも忘れない。

二〇〇三年十一月二十三日。日曜日の午後だった。

テレビ朝日系列の北海道テレビ放送は、報道番組「ザ・スクープ」をオンエアした。キャスターは、ジャーナリストとして名高い鳥越俊太郎《とりごえしゅんたろう》氏。番組は「旭川《あさひかわ》中央警察署で捜査用報償費が裏金になっている疑いが濃厚」と報じていた。

テレビ画面は、黒塗りのない会計書類を映し出していた。

情報公開請求すれば、公文書はあちこちが黒塗りにされて開示される例がじつに多い。黒塗り箇所が多すぎて、開示請求の意味をなさないこともしばしばだ。

ところが、画面には黒塗りなしの公文書が映し出されている。つまり、それは開示請求で得られた資料ではない。テレビ朝日の取材スタッフのもとに、内部書類つきの告発があったに違いない。裏金問題を先に報道されたことも衝撃だったが、内部告発が地元最大のメディアである北海道新聞を飛び越し、東京の放送局に届いたことも輪をかけて衝撃だった。

私は本社六階にある編集局の窓際で、なかば呆然《ぼうぜん》としながら番組を見ていた。休日とあって、大部屋の編集局はがらんとしている。十一月の北海道は日が短い。番組が終わって窓の外を見るともう暗い。窓に近づくと、ライトアップされた観光名所の札幌時計台が浮き上がるように見えていた。

一緒に番組を見ていた部下に、私はこう言った。

俺たち、みくびられているよな、と。

テレビ朝日に会計書類を持ち込んだ内部告発者は「北海道新聞に届けても握り潰《つぶ》される」と考えたのではないか。不正を厳しく追及する姿勢を常日ごろの報道で見せていれば、こういう内部告発は相当な頻度でそのメディアに届くものだ。目に見える形で権力監視の報道を実践していなければ、内部告発者はそっぽを向く。

テレビに映った捜査用報償費に関する内部文書は、幸い、番組終了からほどなく手に入った。その瞬間から「テレビ朝日を追いかける取材」が始まった。

テレビ朝日が入手していた書類は「捜査用報償費」に関する内部文書だった。捜査用報償費とは、捜査にかかった経費に支出できる都道府県費を指す。

捜査は情報が命だ。端緒や目撃者の証言、容疑者の動向など的確な情報を、すばやく大量に集めることがカギを握る。捜査員は暴力団周辺や街の情報通などあらゆるところに「捜査協力者」をつくり、人間関係を維持しながら、情報を集める。事件の都度、単発で市民に協力を仰ぐこともある。

情報は必ずしもただで手に入るわけではない。捜査協力者と喫茶店で話をすれば、飲み物代が必要になるし、酒を一緒に飲むこともある。現金を渡すことも珍しくない、とされてもいた。

そうした経費に充てるのが捜査用報償費であり、同様の使途に供する国費を「捜査費」と呼ぶ。

ただし、警察内部の会計の規定では捜査用報償費や捜査費を使った場合、領収書の添付が必要になる。かりに、情報提供の謝礼として協力者に一万円を支払ったら、相手から領収書をもらわなければならない。

「ザ・スクープ」は、旭川中央署の書類に記載された支払先がすべて架空だったと報じていた。書類上は金銭をもらったことになっている市民が、いずれも「警察から金をもらったことなどない」と証言したのである。

旭川に走った北海道新聞の記者たちからは翌日、「確かにもらっていないと言っています」「そもそも書類に記載された人物はとうの昔に亡くなっていました」といった報告が相次いで届いた。書類上に記載された住所そのものが実在しない事例もあった。

テレビ朝日の報道通り、旭川中央署が組織内部で会計書類を偽造し、税金を裏金にしている疑いが一気に強まった。

北海道新聞が「ザ・スクープ」の後追い記事を掲載できたのは、十一月二十五日である。朝日新聞と毎日新聞はすでに二十四日に後追い記事を掲載していたから、じつに二日遅れだった。地元紙としてこんな屈辱はない。

ただ、その二日間、私は別のことを考えていた。

後追い記事はしょせん、後追いにすぎない。鳥越俊太郎氏の取材チームに追いつくだけである。番組の中で道警は「裏金などありません」と否定していたし、後追い記事を仕上げたところで道警の姿勢に変化はあるまい。

だったら、どうするか。

本社の調査部には、各紙の過去の記事やデータベース、種々の資料がそろっている。そこに籠《こ》もって、警察の裏金に関する過去の報道や警察の対応をじっくりと調べた。自宅に積んであった警察不正関連の書籍を書棚から引っぱり出し、むさぼるように読んだ。

これとは別に、一九九五年から九六年にかけて起きた北海道庁裏金事件の取材資料もひっくり返して読み進んだ。

道庁裏金事件とは、食糧費や出張旅費などを使って、道庁が組織的に裏金をつくっていた事件である。最終的には七〇億円超が内部調査で裏金と認定され、相当数の幹部たちが北海道に金を返還した。「事件」といっても、刑事罰に問われた者は誰もいなかったのだが。

当時、社会部の遊軍記者だった私は、その取材に走り回っていた。

農政部、総務部、商工労働観光部、教育委員会、学校、監査委員事務局……。裏金は積み木崩しのように各部署で順々に発覚し、道庁はやがて全庁に及ぶ組織的裏金づくりを認めざるを得ない事態に追い込まれた。

自治体の裏金問題は当時、北海道などが発火点となって全国で吹き荒れていた。発端は「官官接待」批判である。各地の市民団体や新聞社などが制定されたばかりの情報公開制度を駆使し、自治体の会計書類を入手するのが一種のブームとなった。食糧費などの使途を見ると、地方自体の役人が中央省庁の役人を接待している事例が数多く見つかった。

自治体側は「中央省庁から情報を収集し、予算獲得や地域振興につなげる目的だ」と弁明した。一方の市民団体側は「役人が役人を税金で接待していいのか」と追及した。

官が官を接待することへの疑問。それが「官官接待」批判である。

北海道新聞も当時、官官接待の問題を集中的に取り上げていた。だが、開示請求で得た公文書を仔細《しさい》に見ていくうち、私はまったく別のことに気づいた。

会計書類の数々は、ホテルや料亭で豪華な酒席がひんぱんに持たれたことを示している。とりわけ、年度末は接待の頻度が激しい。

「しかし」と、私は思った。何か、おかしい。どこか不自然だ。

公文書に記載された飲食の回数は半端ではない。金額から割り出した酒量も半端ではない。

いくら仕事とはいえ、来る日も来る日も道庁の役人たちは、本当にそんなに宴会ばかり開いているのだろうか。

書類には同じ部署の宴会が何度も登場する。しかも毎年一月から三月までの時期、とくに三月に集中している。三月には定例の予算議会もあり、職員はただでさえ忙しい。三月といえば、国の予算案もとっくにでき上がっているころだ。そんな時期に予算獲得目的で接待を行う意味があるのだろうか。

「もしかしたら」と思った。

書類が示す内容と実態は食い違っているのではないか。官官接待をやっていないのに、霞《かすみ》が関《せき》の官僚を接待したと偽って、税金を別のことに使っているのではないか。「官官接待は北海道のためだ」という釈明は、何かを隠すための言いわけや壮大な嘘ではないだろうか。

飲食店やホテルを丹念に取材してみると、本当は何の宴会も開かれていないのに、道庁に頼まれてカラの請求書や領収書を発行していた事例が次々と見つかった。

札幌で高級料理店を展開する会社の社長は、私にこう打ち明けた。

「実体のないカラ請求書を発行すると、それに見合った金額がうちの口座に振り込まれてきます。うちは預かり金として処理しておく。やがて道庁の人が職場仲間や家族と飲食に来る。預かり金でその支払いを行うわけです」

「預かり金方式はどこでもやっていると思います。年度末に預かり金があまると、ホテルの場合はそのホテルの利用券で道庁側に返すんです。道庁は利用券を金券ショップに持ち込んで換金しているという話も聞きました」

そんな取材の最中《さなか》、私は道の幹部からこんなことを聞かされ、驚いた。

「君はおかしいぞ。書類が虚偽だ、官官接待は方便だ、真実は裏金問題だと騒いでいるが、だいたいからして、会計書類なんて適当につくっているんだ。規定通り書類をつくっていたら煩雑だし、機動的に予算が使えない。役所はがんじがらめなんだ。だから書類は適当につくって資金は手もとにプールし、いつでも自在に使えるようにしてある。だけど、職員がそれで私腹を肥やしているわけじゃない。ちゃんと公務に使っている。だから、裏金じゃない。あり得ない。道庁の人間が勝手に使っているなんてことは絶対にない！」

しつこい取材だったこともあって、幹部は途中から激高していたと思う。それでも、「会計に関する公文書は虚偽だ」とあっさり認めたことには仰天させられた。

そして思った。

自らの組織的不正を組織自身はなかなか認めないし、認める場合も最初の釈明は嘘だ。彼らは何度も嘘をつく、と。

道庁幹部の釈明には最も肝心なことが抜けていた。「ちゃんと公務に使っている」ことを示す書類はどこにあるのか。それを保証する公文書はどこにあるのか。

幹部は別のとき、執務室に私を呼び出し、こんなことも言った。取材が進み、道庁が組織的な裏金づくりを認めざるを得ない事態に追い込まれたころの話だ。

「高田さん、なんで知事や道庁ばっかり狙うんだ？　道警だって裏金をつくっているぞ。でも、あれだろ、君は社会部の記者だし、警察は大事なネタ元だから刃向かえないんだろう？　警察が恐いんだろ？　道庁問題では政治部も最初は騒いでいたが、政治部の記者さんはもう理解してくれているぞ」

すでに退庁時間は過ぎていたが、窓の外には明るさが残っていた。

やがて、応接セットをはさんで向き合っていた幹部が立ち上がり、机のあたりから紙片を取り出した。「ほら」という感じで、私に手渡す。手書きの数字が並んでいた。道警の裏金の金額だという。その後、メモを紛失したため記憶も定かではないが、捜査用報償費の数年間の金額が書かれていたと思う。

そのときは道庁幹部に向かって、おおいに反発した。追及の矛先をかわすためにこんな数字を出してきて、あなたはいったい何を考えているのか、と。

その後、この情報はデスクを通じて警察担当記者に伝えたが、「うちはやらない」という返答があった。そして、それっきり、「道警にも裏金がある」と言った道庁幹部とのやり取りは記憶の後景に退いていた。

旭川中央署の捜査用報償費に関する後追い取材を指示しながら、今後の方針はだんだん固まっていった。

私は警察担当デスクのポジションを望んだわけではない。「報道本部デスクの中で警察担当が一番忙しい。だから一番若いデスクのおまえが警察をやれ」という理由だったにすぎない。

現場記者時代は小樽支社報道部と本社社会部で都合四年ほど警察や検察の取材を担

当したが、ついぞ好きになれなかった。警察担当記者どうしの、あるいは警察担当記者と道警のあいだの、体育会のような体質に強い違和感も感じた。私の「サツ嫌い」は上司もよく知っていたと思う。

その代わり、記者生活が五年目を過ぎるころから、組織や権力者の不正を独自に調べて記事にする「調査報道」にのめり込んだ。

銀行の不正融資、自治体の裏会計、ゴルフ場開発に関する許認可の不正、政治家の土地転がし。ちょうどバブル経済が崩壊した時期に重なったこともあって、カネや土地絡みの不正の情報は途切れることなく手に入った。

わずかな端緒情報をきっかけに、重い鉄の扉を素手でこじ開けるように取材していく。調査報道には確かな手応《てごた》えがあった。報道本部のデスクになってからも、調査報道を手がけたいとの思いは消えたことがない。

「ザ・スクープ」の報道から二日後の二〇〇三年十一月二十五日。

夜、私は本社編集局の「C会議室」に警察担当記者たちを集めた。

C会議室は北海道新聞本社の中央部に位置している。窓がなく、部屋は味も素っ気もない。折りたたみ式の長い机、パイプ椅子。いつも利用する時計台近くの料理屋から夜食用に幕の内弁当を取り、人数分を机に並べた。この店の幕の内弁当には必ず炒《いた》

めた赤いウインナーソーセージが添えられており、若い記者がたいそう気に入ってい
た。
　互いに弁当をつつきながら、会議は始まった。その場で私は、おおむねこんな説明
をした。
「この問題は徹底的にやろうと思う。旭川中央署だけの問題ではない。おそらく道警
のあらゆる部署で裏金をつくっている。それを報道で明るみに出そう。その上で道警
に公式に裏金づくりを認めさせる。それが最終目標だ」
　警察は上意下達《じょういかたつ》の鉄の団結を誇る組織だ。取材は簡単に進まないだろう。それでも
道庁裏金事件の経験やその他の状況を考えると、六か月あれば、道警は認めざるを得
なくなると思う。
　そう言ってから私はつけ加えた。
「道警が組織ぐるみで裏金をつくっていることはほぼ間違いない。端緒はいくつかあ
る」
　取材のヒントと方法を説明し、さらに続けた。
「不正の端緒を知っていながら取材しないのであれば、読者への裏切りだ。俺たちは
読者から購読料をもらっている。取材相手ではなく、大勢の読者のために仕事をしよ
う。ふつうの読者の期待にこたえよう」

取材方針に関する話をくり出しながら、二か月前に青森市で会った高知新聞の幹部たちの、あの熱っぽい話を思い出していた。

　全国では知られていないかもしれないが、彼らは捜査費不正の報道を続けている。北海道新聞もそれに続こう。しかも、高知県警はまだ裏金づくりを認めていない。最初に認めさせるのはおれたちだ。だれも成功していないことをおれたちが最初にやろう。

　当時、道警記者クラブ所属の記者は八人いた。キャップの佐藤一記者が四〇歳。多くは三〇代前後で、大学を出たばかりの新人もいた。

「そんなことをやっていたら」と一人が声を上げた。

「道警全体を敵に回しますよ。事件事故のネタも取れなくなります。そうなったら、どうするんですか」

　私はこう答えた。

　事件事故の取材で他紙に後れを取ってもいいとは言わない。でも、結果的に後れを取ることになったらしかたない。捜査の途中経過情報を伝えることに偏重した警察取材に血眼《ちまなこ》になるよりも、裏金取材のほうがはるかに重要だと思う。犯罪を取り締まるべき警察が、組織的な犯罪行為に手を染めている可能性があるのだから、放っておいていいわけがない。何よりも調査報道はおもしろい。一度手がければ、きっと病みつきになる。

「編集局の幹部はこんな取材を認めるのでしょうか」という疑問も出た。警察取材の実務責任者はおれだ。そのおれがやろうと言っている。上との折衝はおれにまかせておけばいい。君らは心配しなくていい。誰かに何か言われたら、デスクに言われた通りにやっていますと返しておけばいい。

「自分は警察の内部に深い情報源がありません。どうやって取材すればいいんですか」という疑問も出た。「事件事故の取材も忙しいし、どうやって裏金取材の時間を確保すればいいのか」という問いかけもあった。

もちろん「おもしろそうだ、手を抜かずにやりましょう」という前向きな声も出た。高知新聞幹部の話を私と一緒に聞いた佐藤記者は、先頭に立って「こういう取材が大切なんだよ。本気になってやってみようよ」と若い記者たちを鼓舞した。

C会議室での集まりは後半、細かな取材計画を立てる場になった。

誰が誰に会いに行く、誰はどこへ行く。出張はどこへ行ってもいい。北海道内に限らず、全国どこへ行ってもいい。

ただし、スピードが大事だ。道庁問題のときは部署ごとに裏金を順々に暴き、積み上げていく形で進んだ。でも、道警は組織規律も口の堅さも比べものにならない。同じ手法で時間をかけて取材していると、口裏合わせが進む。取材は丁寧に、しかし集中して一気にやろう。北海道警察全体で裏金をつくっているという結論に早く到達しよう。

「いわば結論を最初に記事にする。各論はあとでいい。各論の報道が結論を認めさせるプロセスになる。とにかく、向こうが公式に認めるまで取材を続けよう」

そんなことを言って、C会議室での打ち合わせは終わった。

その日を始まりとして、裏金追及キャンペーンは一年半も続くことになる。

市民運動を続けている知人は、「新聞の常識を覆す報道だ」と励ましてくれた。読売新聞大阪社会部で警察担当の経験を持つジャーナリスト、大谷昭宏《おおたにあきひろ》氏は「道警記者クラブに詰めている記者が一連の報道を担ったことに意味がある。ふつう、地方紙は地方権力に弱い。それなのに逃げ道をつくらず、記者クラブの記者が真正面から対峙《たいじ》した」と賞賛してくれた。

読者の支援も大きかったと思う。

大きな記事を書いた日には、報道本部の電話が本当に鳴り止まない。読者からの意見を電話で一手に受けつける読者センターの先輩は「あんなにも、頑張れ頑張れと言われたのは初めてだ」と話してくれた。

そうは言っても、取材は何もかも順調に進んだわけではない。

道警の「嫌がらせ」は報道が始まった直後から起きた。

「週刊誌みたいな記事ばかり書いて、どうするんだ」

「北海道新聞はいつからアカ新聞になったんだ？　共産党の『赤旗』と一緒だな」

「おたくのデスクとキャップは狂った」

記者たちは最初、行く先々でそんなことを言われた。警察署の幹部の部屋へ足を向けると、「出て行け」と言われたケースもあったし、「北海道新聞は敵だ。二度と口をきかない」と幹部から宣告された記者もいる。中堅記者にすれば、この程度のやり取りは対処可能だが、新人記者たちにとっては相当につらい日々だったと思う。

「これからは事件事故の情報をいっさい教えない。北海道新聞の社会面は干上がるぞ」と言われた記者もいる。「道内でテロが起きても何も教えない。そうなったら、北海道新聞の社内は大問題だろうな」と言われたこともある。

夜回り取材を拒否する道警幹部もいた。事件事故の報道発表の場で、北海道新聞の記者がいれば、ほとんど何もしゃべらないというケースもあった。郡部の支局からは「交通安全キャンペーンの取材にすら対応しない。何とかしてほしい」という悲鳴が出始めた。

各警察署や官舎で北海道新聞の定期購読の打ち切りが始まったという話も伝わった。

おそらく、道警本部から指示が出たのだろう、と。

報道開始から数か月が経過したころ、会社のある幹部に「道警との仲介」を打診されたことがある。

幹部は編集局を離れていたが、かつては道警担当記者として鳴らした人だ。本社前の交差点でばったり出会い、手招きされ、交差点角の東京三菱《みつびし》銀行札幌支店の軒下へ。立ったまま、しばし話し込んだ。この銀行がＵＦＪホールディングスを吸収合併し、銀行名を変更する前のことだ。

先輩は「じつは話があったんだ。会いに行こうと思っていた」と切り出し、こんなことを言った。本当は困ってるんじゃないか。道警が組織的な裏金を認めるはずはないし、報道も膠着《こうちゃく》しているじゃないか。振り上げた拳《こぶし》の下ろしかたがわからないんだろ。どうだ、俺にまかせないか。道警との橋渡しをしてやるぞ。

申し出を断ると、「いつでも言ってこい。力になってやるから」との言葉が返ってきた。

やがて、社内のいろいろなうわさ話も聞こえてきた。「あいつら、長い年月かけて築いた北海道新聞と道警の関係をぶった切っている」。そんな声が回り回って、私のもとに届く。つまらぬ陰口もあった。もちろん、面と向かっては、社内の誰もそんなことは言わない。

「半年あれば道警は組織的な裏金づくりを認めるだろう」という当初の見通しははずれた。

道警が内部調査の最終報告をまとめ、最終的に全部署での組織的裏金づくりを認めたのは、二〇〇四年十一月二十二日である。取材開始からちょうど一年が経過していた。

最終報告の中で、道警は一九九八年度から二〇〇三年度の六年間に使った捜査用報償費と捜査費、旅費のうち、捜査目的外に使用した「不正支出」は約七億一五〇〇万円に上ると結論づけた。

ほぼすべての部署で裏金がつくられていたと認める一方、「裏金は各現場で自然発生した」「原因は現場の認識不足」「上層部は知らなかった」と道警は言い張った。刑事責任を問われかねない「私的流用」は、もちろん否定である。

北海道議会総務委員会に最終報告を提出した芦刈勝治本部長は「警察本部や方面本部が、所属長（署長や本部の課長など）らが予算を不適正に執行することを容認し、または指示し、もしくは指導したことはなかった」と答弁している。上層部は知りませんでした、という宣言だ。

自身もそうである警察庁キャリアや、ノンキャリアながら組織上層部に上り詰めた幹部たち。彼らは結局、責任を下へ下へと押しつけながら幕を引こうとしていた。

それから一〇日あまりが過ぎた十二月三日、今度は北海道監査委員が特別監査の最終結果を公表した。道警の最終報告が「内部の目」だったのに対し、こちらは「外部の目」として独自の調査を進めていた。

徳永光孝代表監査委員は記者会見で「正規の支出以外はすべて私的流用だ」と言い切った。そして、こう指摘している。

「所属長の中には気持ちにわだかまりを持ちながらも、また捜査員は上司の指示、命令に服従する階級組織の環境の中でやむなく（裏金づくりを）行っていた」

監査委員は裏金づくりにおける上層部の関与を明確に認めたのである。

道警は最終的に、利子も含め九億円超の資金の返還を行うことになった。その年の暮れには約三〇〇〇人に及ぶ警察官と職員を処分した。「私的流用」という名の限りなく犯罪に近い行為を公式に認めさせることはできなかったものの、一年間に及ぶ報道にも終幕が近づこうとしていた。

佐々木友善氏からの「謝罪等要求状」が届くようになったのは、まさにそんな時期だった。

一通目は二〇〇四年十一月初旬。道警による返還の決定と処分に合わせるように、文書は届いた。佐々木氏自身が作成した資料によると、五通目の発信は二〇〇五年二月二十一日付。「読者と道新委員会」に宛てた文書で、タイトルは「報道被害に関する調査等のお願い」となっていた。

佐々木氏はこう主張していた。

「……（過去四回の質問にきちんと回答しない北海道新聞社の）一連の対応はもはや、世間の常識でも、企業のありかたとしても、常軌をはずれたものです……道新によって一方的に私がこのような問題に引き込まれていることに強い怒りを感じています」

「……私は昭和三十七年から四〇年以上の長きに渡って道新を購読してきました。しかし、このところの道新を見て、とても信用できない記事があまりにも多いと感じましたので、昨年、購読を止めるにいたりました……ひんぱんにねつ造、虚偽報道を平然とくり返すことによる被害者は、虚偽の事実を書かれた者だけではなく、購読料を払った上に、虚構、ねつ造の記事を読まされる道民（も）です」

一連の文書において、佐々木氏は自らを「報道被害者」と位置づけていた。裏金問題に関する自身の考えや謝罪は、まったく出てこない。

そして、この五通目の文書を佐々木氏が出した翌月の三月、ある記事が北海道新聞に掲載された。

北海道の三月中旬はまだ雪の中だ。それでもこの年の三月には「愛・地球博」と名づけた愛知万博の開幕が間近に迫ったとか、前年の夏に北海道勢として初めて夏の甲子園を制した駒大苫小牧《とまこまい》高校が春の甲子園でも活躍しそうだとか、浮き立つようなニュースが続いていた。

北海道新聞も三月一日付の定期人事異動が実施されたばかりで、まだなんとなく社内はそわそわしていたように思う。

裏金取材を担った道警記者クラブの記者たちにも若干の異動があった。私は警察担当から遊軍担当へと担当分野が変わったものの、依然として「報道本部次長」のままだった。新しい警察担当デスクに引き継ぎなどを行いながら、裏金問題やその関連取材の面倒も見ていた。

そうした最中《さなか》、二〇〇五年三月十三日の日曜日のこと。その後の命運を大きく左右する記事が、北海道新聞社会面のトップ記事として掲載された。

「覚せい剤一三〇キロ、道内流入？」「道警と函館《はこだて》税関『泳がせ捜査』失敗」

記事の内容はこうだ。

北海道警察銃器対策課が二〇〇〇年四月ごろ、いわゆる「泳がせ捜査」に失敗し、暴力団が密輸しようとした覚せい剤一三〇キロ、大麻二トンの薬物を国内に流入させてしまった疑いが強まった。覚せい剤は末端価格にして一五〇億円を超す――。

事件の中心にいたのは、銃器捜査のエースと言われた道警の元警部、稲葉圭昭《いなばよしあき》氏だった。

その後、稲葉氏は二〇〇二年になって、覚せい剤を自ら使用したなどとして逮捕・起訴され、懲役九年の判決を受けた。

稲葉氏は銃器捜査において、目覚ましい実績を残していた。一年間で数丁摘発すれば優秀と言われる銃器捜査の世界。稲葉氏はそこで八年間に百数十丁を摘発するという際立った成績をあげた。「道警のエース」「拳銃《けんじゆう》摘発の神様」と呼ばれるにふさわしい活躍だった。

そのエース刑事がなぜ転落したのか。

道警は稲葉事件の発覚時、「一警察官が暴力団関係者と親密になりすぎ、結果として覚せい剤の使用に手を染めた。稲葉一人の犯罪だ」と説明していた。

しかし、この事件について、幾人かの記者は当時、こう考えていた。

「じつは、道警は組織ぐるみで違法捜査を行っているのではないか。確かに稲葉警部は覚せい剤の使用に手を染めた。しかし稲葉事件の本質は別のところにあるのではないか。暴力団と組んだ違法捜査にかかわった道警が、その発覚を恐れ、稲葉一人の犯罪として決着させ、道警組織の闇を隠蔽《いんぺい》してしまったのではないか」と。

稲葉事件の公判で、被告・弁護側は「稲葉個人の犯罪ではない。道警の組織的関与がある」と主張した。しかし裁判所は稲葉氏の言い分を一顧だにせず、判決は「個人の犯罪」を強調する形で終わった。

取材合戦の渦中にいた佐藤一記者は、こう話していたことがある。

「北海道新聞は稲葉事件のとき、道警の組織的な関与にまで踏み込んで書くことができなかった。で、裁判が終わったあと、ある道警幹部に言われたんです。あんまり書かんでくれたんで助かったよ、ありがとう、って」

佐藤記者にはそれが屈辱だった。だから、二〇〇五年三月に「泳がせ捜査失敗」という大見出しの記事を書いたときは、一区切りついたような気がしたという。

そこへふたたび、道警総務部長だった佐々木友善氏の「要求状」が届いたのである。延々と続く佐々木氏の文書は「泳がせ捜査失敗の記事」にも言及を始めた。

……またねつ造記事が出た。覚せい剤一三〇キロ、大麻二トンを道警が見逃すことなど実際にあるわけがない。北海道新聞にはやはりねつ造体質が染みついている。道民は、こんな新聞を許すべきではない……。

佐々木氏はそんな指摘をくり返した。

一連の主張はすべて文書によって行われていた。

電話は一本もない。会社への訪問もない。書籍二冊を出した講談社と旬報社に対しても、何の連絡もない。それでも執拗《しつよう》に、書籍二冊の一部記述はねつ造であり、「泳がせ捜査失敗」の新聞記事もねつ造だと決めつけていた。北海道新聞は嘘ばかりを書くとくり返した。

いま振り返れば、この時点で佐々木氏の行動と意図、その背後に見える道警の動きの意味をもっと吟味しておくべきだった。無頓着《むとんちゃく》で無防備すぎた。「泳がせ捜査失敗」の記事をめぐって、北海道新聞社が根幹から崩れるような事態になろうとは、そのときは思ってもいなかった。

北海道警察と北海道新聞。

警察権力と新聞社。

権力と報道。

その関係を根本から問う事態は、思わぬところからやってきた。

「会社の上層部でとんでもない不祥事が起きているみたいです」

そんな話を小耳にはさんだのは、二〇〇五年の六月か七月だったと思う。「泳がせ捜査失敗」の記事が掲載されてから数か月が過ぎていた。

耳にした言葉が「不祥事」だったか、「不正」だったか、そのあたりは定かではない。いずれにしても、最初は小さな、ささやきのようなうわさ話にすぎなかった。

それから二、三か月が過ぎたころ、ある誘いがあった。

今度、晩めしを食おうじゃないか、と。相手は編集局長である。

「局次長も報道本部長も一緒に、だ。予定はどうだ？」

電話の向こうの編集局長はいつも通り、明るい声を出していた。そうは言っても、一記者をわざわざ呼び出し、局長以下の幹部が三人顔をそろえるというのは、尋常なことではない。

何かが動いている。

季節は夏から秋へ向かおうとしていた。

「道警に謝罪せねば」

――札幌、二〇〇五年九月

札幌の大通公園は東西に約一・五キロの長さがある。夏はビアガーデンの会場として使われ、冬はさっぽろ雪まつりの会場になる。観光地としても名高いため、札幌を訪れた観光客はほぼ例外なくここを訪れる。

各丁目ごとに独自の見どころや設備が配置されているのも大通公園の特徴で、東端の西一丁目には札幌のランドマークであるテレビ塔がそびえ立つ。西三丁目には「しんとして幅広き街の秋の夜の玉蜀黍《とうもろこし》の焼くるにおひよ」という石川啄木《いしかわたくぼく》の歌碑がある。さらに西へ歩き、西六丁目に差しかかると、屋外用の音楽ステージがある。そのやや東、広い車道をはさんで南側に「昭和ビル」は建つ。

私の手帳の記載によると、このビルの地下一階のイタリア料理店に足を運んだのは、二〇〇五年九月五日、月曜日の夜のことだ。

四人がけのテーブルで、私は編集局長の新蔵博雅《しんくらひろまさ》氏と向き合った。私から見て、新蔵氏の右側には編集局次長で報道本部長の早坂実氏がいる。私の右どなりには、もう一人の編集局次長である山本哲史氏がいた。山本氏は早坂氏の前任の報道本部長で、裏金報道を一貫して支えてくれた人である。

ピザやサラダ、そしてワイン。料理を適当に注文し、小宴は始まった。

裏金問題の取材は、北海道警察が組織的な裏金づくりを公式に認めたこともあって、このときすでに一段落している。

小宴の二か月前の七月一日、北海道新聞社は大規模な定期人事異動を発令し、私は東京支社に異動していた。「国際部編集委員」が肩書きである。翌年三月からのロンドン勤務もそのときに内定していた。国際部は、ロンドン行きの準備をこなすためのポストと言ってよい。

裏金取材で奔走した道警キャップの佐藤一記者も東京支社に異動になった。所属は社会部。厚生労働省記者クラブに詰め、社会保障などを担当していた。

この人事異動は、のちに外部から「裏金取材班の解体」と評されるようになる。

正直に言えば、私や取材班のメンバーには当時、そんな意識はあまりなかった。それぞれに異動の希望もあったはずだし、ポジションを二、三年単位の駆け足で動くことは、新聞社では何も珍しくない。

何より、裏金取材の日々は私も部下たちも忙しすぎた。休みもほとんど取れない日々から解放され、私自身もほっとした。これで少し休みが取れる、と。

イタリア料理店で小宴が持たれた日は、小泉純一郎《こいずみじゅんいちろう》首相がしかけた衆議院の「郵政選挙」の真っ最中だった。投開票は六日後の日曜日に迫っている。

総選挙の投開票を間近に控えた報道現場は、尋常な忙しさではない。

各陣営や支持母体の取材、情勢判断、開票作業の取材の段取り、予定原稿の作成、過去のデータの整理。通信機器の最終チェックやテスト紙面の作成もくり返し行う。

人手は常に足りない。私も「本社のデスクの手が足りない」という理由で、急遽《きゅうきょ》、東京支社から札幌本社の報道本部へ約二週間の出張を命じられていた。

そんな渦中の小宴である。ふつうなら、選挙報道の指揮と責任を一身に背負う編集局長、それを補佐する編集局次長、取材現場の実質的な責任者である報道本部長の「三首脳」は、のんびりとワインを口にしている場合ではなかったはずだ。

最初は選挙情勢の話だったと思う。それから世論調査の手法について、実務的な課題が話題になった。編集局長の新蔵氏は報道本部長の早坂氏に対し、「世論調査の数字を紙面で並べるだけではダメだ、新しい選挙報道のありかたを考えたのか」といった小言をくり返していた覚えがある。

話題は選挙から離れない。

私はあくまで総選挙取材の応援組である。選挙報道に最初から関与していたわけではない。実際のところ、世論調査の話など、私を呼んだ席であえて持ち出すような話ではなかった。

いったい、何の会合なのか。何のために私は呼ばれたのか。

午後八時半か九時ころになると、店内の客がほとんどいなくなった。もしかしたら、客は自分たちだけになっていたかもしれない。

「じつは」と本題が切り出されたのは、食事があらかた終わってからだった。

口火を切ったのは、早坂氏である。

「じつは道警との関係で困ったことになっている。もうそろそろ、道新は道警との関係を修復したい……」

そして、こんな説明が行われた。

君もわかっている通り、警察の情報がまったく取れなくなってきた。事件事故の取材は完全に行き詰まっている。とくに支社や支局が苦しくて、何とかしてくれと言っている。自分たちもそろそろ道警との関係を修復したほうがいいと考えている。道警も道新との関係を修復したがっている。ただ、そのためには問題を解決しなければならない。

道警はいま、こう言っている。

自分たちは裏金づくりを認め、道警本部長は北海道議会で謝罪し、内部処分も行って、けじめをつけた、と。

しかし、道新も裏金問題は騒ぎすぎただろう。やりすぎただろう。警察はけじめをつけたのに、新聞社がけじめをつけていない。このままの状態で関係修復をしようとしても、道警内部の不満を抑えきることができない。だから、道新もけじめをつけよ、と。道警はそう言っているんだ。

もちろん、ただやみくもに謝罪することはできない。でも、あんなに次から次へと記事を書いた中には、まずいな、中途半端だったな、と思う記事もあるだろう？

道警は例の「泳がせ捜査失敗」の記事だけは許せない、と言ってきている。ほかはもういい、と。でもあの記事についてだけは抗議を取り下げない。だから「泳がせ捜査失敗」の記事で謝罪すれば、警察との関係をもとに戻せると思う。あの記事がネックなんだ。あの記事をどうにかしないといけない。

それで高田にも考えてほしいんだが、われわれとしては、調査委員会か何かを社内につくって、あの記事を再検証し、その結果を踏まえて謝罪しようと思う。調査委員会は社外の人を入れるのがいいかどうか、そのへんはわからない。

しかし、何らかの形で決着させないと、道警と道新の関係はもう持たないんだ。

早坂氏はこんな話を懸命に続けた。彼自身は報道本部長に就いたばかりだ。裏金報道にもまったくかかわっていない。それにしても、なぜこうも簡単に「謝罪」を口に出すのか。

編集局長の新蔵氏は「君も組織人だったらわかるだろう」という趣旨のことを言った。

我慢して聞いていると、やがて早坂氏はこんなことを言った。

「時間がないんだ。いまから三か月以内、十一月末までには決着させたいと思う」

そのあたりになると、私は相当に憤りを感じていた。

どうして謝罪ありきの話がいま出るんですか？ 何を詫《わ》びるんですか？ 十一月末という期限がどうして出てくるんですか？

「泳がせ捜査失敗」の記事については、紙面に載った三月の時点でも道警から抗議文書が何度か届いていた。そのときも編集局幹部に取材の組み立てを説明した。情報源の氏名や属性こそ編集局幹部には伝えなかったが、それでも編集局幹部は「記事には何ら問題ない」との結論に達していた。

それがなぜ、記事掲載から半年もの時間が流れてから、突然「謝罪」になるのか。まったくわけがわからない。

今度は編集局長の新蔵氏が迫ってきた。

「高田君な、人間、一〇〇パーセントということはないんだぞ。だれだって間違いや失敗はある。あの『泳がせ捜査失敗』の記事だって、完全無欠の記事だと言いきれるのか。文字の間違いは一つもないか？ もし完全な記事ならどうして続報を出せなかったんだ？」

でも局長、と私は返した。

「泳がせ捜査失敗」の記事が掲載された時点では、正式には私は道警担当デスクをはずれて遊軍担当に移っていましたよ。いわば引き継ぎ期間だったんですよ。それに三月一日の人事異動では道警担当記者もメンバーが入れ替わっています。続報がない、続報を書け、と言われても「警察関連の仕事からはずれていいよ」と決めたのは、編集局幹部の、まさにここにいる皆さんじゃないですか。

「なら高田君よ」と新蔵氏。彼は部下を「君」づけで呼ぶことが多い。

「高田君、それじゃ、いまからでも、やれば続報を出せるんだな？　道警につべこべ言わせないための続報を出せるんだな？」

このあたりになると、憤りはさらにつのっていたと思う。

「私はもう警察担当デスクじゃなくて、国際部の所属ですよ。まして来年からはロンドンです。キャップだった佐藤もサブキャップも道警担当をすでにはずれているんです。とことんやれと言うなら、人事異動を発令してメンバーをもとに戻してください。それか、いまの部署でまかされている仕事を全部はずしてください。でも、それにしても、やはりおかしいです。なぜ三か月以内に決着をとか、そんな話になるんですか」

イタリア料理店での小宴の際には知る由もなかったが、じつはこの会合の直前、道警はあるメッセージを北海道新聞社に伝えていた。

小宴のちょうど一週間前、二〇〇五年八月二十九日のことである。

午後六時から札幌市中央区のホテル「エルムサッポロ」で、北海道警察本部長の樋口建史氏と北海道新聞の道警担当キャップとの一対一の「懇談」があった。

彼は七月一日の人事異動で新しく道警キャップになった。佐藤一記者の後任であり、私より七、八歳若い。

一方、道警本部長の樋口氏も二週間ほど前に就任したばかりだった。

裏金問題が一段落したあと、警察庁は道警に次々とキャリア警察官を送り込んできた。二〇〇五年四月には警察庁広報室長が道警総務部長に就任。総務部長ポストを六年ぶりに地元採用のノン・キャリア組から奪い返した。裏金問題の対応で迷走した北海道警察に対し、警察庁が業を煮やした末の人事だと言われた。同時に、警察のコントロールが難しくなった北海道新聞に対する布陣だとも言われた。

樋口氏の就任は同年八月十六日付である。前任は警察庁刑事局刑事企画課長。道警本部長などを務めたあと、二〇一一年には警視総監となった。出世街道を驀進《ばくしん》した人物である。

樋口氏と道警キャップの懇談は、樋口氏の発令日からわずか二週間後だった。キャップはこの懇談に関するメモを残している。おそらくは上司への報告用だったと思われる。

一対一の懇談はまず、前日の朝刊に掲載された「ひと２００５」が話題になった。そこでは新しい道警本部長に就任した樋口氏の横顔が紹介されている。メモにはこんな会話が記されていた。

「昨日の記事はいかがでしたか？」

「いや、よく書いてくれた。ありがとう」

「本来であれば、着任の記者会見だけでなく、あらためてインタビューさせていただきたかったんですが」

「いや、そうはならんだろう。やっぱり。いまの状況ではね」

「そうですか」

「君のことは毎日、参事官（広報課長）から聞いている。君に恨みつらみがあるわけじゃない。私なりに道新の立場は理解しているつもりだ。権力は必ず腐敗する。これは間違いない。だからこそマスメディアのチェックが必要だし、その役割が本当に重要なんだ。ただ、君も知っている通り、うちと道新の関係がこじれている原因は別のところにあるだろう？　それがクリアにならないかぎり、前には進まない」

「本部長も現状がいいとは思っておられないんでしょう」

「そうだ。いまの関係がいいなんて、だれしも思っていない。交通、防犯を含めてうちがやることを理解してもらうことを考えれば、道新との関係が大切なことは言うまでもないことだ。お互い、国民、道民の奉仕者だ。しかし、私が本部長として何の状況変化もないのに『（うちの広報態勢を）変えろ』と指示を出したところで、うちの組織がすんなりと動くと思うか。君も組織人だったらその辺はわかるだろう？」

「それは確かに無理があると思います」

「うちから求めていることがあるだろう。そのけじめが必要なんだ。道新がけじめをつけないかぎり、前に進むことはできない。けじめがあれば、私もやれることがある。何にしても、おたくのけじめ次第だ。君がつらいのはわかっているが、この話は個人レベルでどうこうできる話じゃない。あくまでも組織と組織の問題だから。とにかくけじめをつけるところから始まることを理解してくれ」

イタリア料理店で編集局幹部が幾度となく口にした「けじめ」という言葉。それがこの「メモ」にもくり返し登場する。

樋口氏は「けじめ」の内容に具体的には触れていない。しかし、佐藤記者の後任として道警キャップになったこの記者、同じ人事異動で報道本部長になった早坂氏らには「けじめ」の意味と内容が理解できていたのだと思われる。もちろん道警側も、広報課長や上層部は「けじめ」の意味がわかっていたはずだ。

理解できていなかったのは、私や裏金取材のメンバーたちだけだったのかもしれない。

同じころ、イタリア料理店での小宴の際には知る由もなかった、もう一つの重要なできごとがあった。それは「対道警」との関係ではなく、純粋に社内の問題である。北海道新聞社の幹部だったある人物によれば、「あれを最初に社内で察知したのは二〇〇四年の暮れだった」という。

「あれ」とは、のちに北海道新聞社を土台から揺さぶった不祥事のことを指す。その元幹部いわく、裏金報道が最終盤に差しかかっていたころ、「あれ」は会社上層部のあいだでのっぴきならない大問題になり始めていたのだ、と。

じつは「あれ」の前にも、北海道新聞社では大きな不祥事が発覚していた。

二〇〇四年五月二十八日。

その日の朝日新聞夕刊は「道新社員、六〇〇〇万円着服室蘭《むろらん》営業部次長、懲戒解雇」という見出しの記事を大きく掲げ、こう報じている。

「北海道新聞社の室蘭支社営業部次長が約一〇年にわたり、新聞広告の売上金約六〇〇〇万円を着服していたことがわかり、同社は二十七日、次長の懲戒解雇と役員ら一三人の処分を決めるとともに、室蘭署に被害届を出した。同社社長室によると、次長は九四年八月から今年三月にかけて、広告掲載の申し込みを会社に隠して掲載料を受け取ったほか、掲載料を実際より少なく会社に報告するなどして、室蘭市内の広告会

社三社からの広告料金計五九九〇万円を着服した疑いがもたれている」（記事は一部省略、表記を一部変更）

社内で「室蘭事件」と呼ばれた不祥事である。その後、営業部次長は道警に逮捕され、裁判で有罪判決を受けた。

逮捕の前後、各紙は「道新元次長逮捕　裏金、引き継ぎ事項」（読売新聞二〇〇四年九月十六日朝刊）といった大報道を続けていた。警察の裏金を追及していた新聞社が社内で裏金をつくり、代々引き継いでいたというのだから、各紙が熱心に報じたのは当然だったのかもしれない。一時は、連日のように「道新にも裏金」などの活字が他紙にあふれた。

道警は刑事事件として立件する際、室蘭支社営業部を家宅捜索し、書類を何箱も運び出した。「書類がなくて仕事にならない」という室蘭発の悲鳴は切実だった。

これと前後し、道警は札幌市内のホテルで参考人として菊池育夫社長を事情聴取した。行く前は堂々としていた社長が、戻ってきたときは別人のように消沈していた、という話があっという間に社内に広がった。

一方、会社幹部は労働組合との団体交渉の席上、「室蘭のような不正は、ほかにはない」と言明し、社内の動揺を懸命に鎮めようとしていた。

そうした室蘭事件の記憶も消えないうち、「あれ」は社内上層部で発覚していたのである。

北海道新聞社の幹部だった人物はこう述懐する。

「室蘭の事件が起きて、まだ刑事裁判が続いているときに、東京支社広告局の社員の使い込みがわかってね。確定したのは五〇〇万円あまり。社内で密《ひそ》かに調査したところ、本人も認めた。ふつうだったら、その瞬間に懲戒解雇なんだが」

当時の複数の幹部によると、この社員は経費の処理をごまかして着服し、飲食店勤務の女性に使っていたという。社内調査で使い込みの額が五二五万円と確定されたのは、二〇〇五年三月下旬だった。同時にこの問題の処理は極秘扱いとなっていく。

事後処理はなかなか進まなかった。当初は「事実関係が確定したらクビにする」と言明していた取締役も、前言をひるがえして積極的に動こうとしなかった。毎月末に行われる経営会議でもほとんど議題にならない。

四月下旬になって、しびれを切らしたある幹部は菊池社長に対し「早く適切に処理すべきだ」と進言した。ところが、菊池社長からはこんな答えが返ってきたという。

「おれは聞いていないことになっている。（法務を担当する）経営企画室長と広告局長にまかせてある。きちんとやるので、もう少し時間をくれ」

それでも、やはり処理は進まなかった。

懲戒解雇にすれば不祥事が表沙汰《おもてざた》になって、室蘭事件のときのように会社がふたたび揺らぐ。上層部はそれを恐れていたのではないか、だから内々に処理しようとしたのではないか、と言う人もいる。

　実際、東京の広告社員は懲戒処分にならず、依願退職扱いになって会社を去った。五月下旬の経営会議では「調査をしたが、事実関係を確かめられないうちに本人から自己都合退職の申し出があった」との報告がなされたという。社員は年齢が若かったこともあって、早期退職扱いとなり、割増退職金も支払われた。

「そのころの、六月上旬のことだが」と、当時東京支社長だった杉江《すぎえ》良之《よしゆき》氏は振り返って言う。

「東京支社の広告担当の部下がぼくのところへ来て言ったんだ。本社からこの問題の調査記録を廃棄するよう指示があった、と。驚いてね。そこまで腐っているのか、と思ったよ。だから東京支社の部下たちにはこう言ったんだ。『各自、信念を持って行動しよう』って。書類廃棄の指示なんて、そんなものには事実上、従わなくていい。そういう意味だった」

　杉江氏によると、本社が「書類廃棄」を指示した同じ六月の下旬、経営会議の席上で菊池社長は「会社の危機を招くような言動は慎むように」と発言したという。これに対して杉江氏は菊池社長にメールを送信し、「(使い込みを犯した人間に自己都合退職を認めて割増退職金を支払うとは)泥棒に追い銭。しかも関係資料を廃棄せよとは、おかしくないか」と伝えた。ちなみに、杉江氏と菊池社長は入社同期生である。

その数日後、菊池社長が上京の際の定宿にしていたホテルオークラで、杉江氏は菊池社長と面談している。杉江氏が書き残したメモによると、菊池社長が語った内容はおおむねこんな内容だった。

「なんでメールなんか送ったんだ。道警は道新の弱みを握ろうと躍起になっていて、電話やメールを監視している。そんな最中《さなか》に『資料廃棄指示』などの文言を並べたメールを送るとは、あんたは、ことの重大性をわかっていない。ことがばれたら、本社、東京支社にガサ入れ（家宅捜索）が行われ、会社が持たなくなる」

「（東京支社広告局社員の使い込み問題は）調査をしたがはっきりせず、そのうち本人から退職の意思表示があったので認めざるを得なかった、ということで事態の収拾を図っていたのに、これですべてぶち壊しになる。そもそも東京支社長（の杉江氏）にこの問題を知らせたのが間違いだった」

「この問題を知っているのは、東京支社の三人とおれと広告局長と経営企画室長（いずれも取締役）だけ。専務と常務はおおよそのことは知っているが、ほかの役員は知らないことだ」

北海道新聞社の内部ではその後、この一連の問題を「東京広告問題」と呼ぶようになった。もっとも、問題が社員に広く知れ渡るのは、二〇〇五年九月下旬以降のことである。少なくともイタリア料理店での小宴が持たれた九月五日の時点では、私は何も知らなかった。

北海道新聞社の労働組合が発行する機関紙「高速度」は同年八月末、新しい執行委員長の就任あいさつを掲載し、その中で委員長は「就任早々、会社側に嘘をつかれた」旨を記している。それに関しても私はたいした注意を払っていなかった。

その当時の菊池社長の心労は相当なものだったと思う。

東京広告問題が社内に知れ渡り、経営陣が社内で厳しい批判を浴びるようになっていたころ、菊池氏はじつに正直に心情を吐露している。十二月一日の北海道新聞社の創立記念日。永年勤続の表彰者らを前に、菊池社長はこう演説している。

「……最後に新聞人のモラルについて、私は昨年の創立記念日で（室蘭事件を念頭に）悪しき習慣とは訣別《けつべつ》をと呼びかけました。それ以降は個人も職場も訣別してくれたと信じますが、それ以前のできごととはいえ、飲食費の使いかたをめぐる不祥事（東京広告問題を指す）が明らかとなり、その処理のしかたや公表のありかたについて、組合などから厳しい批判を受けています」

「確かに、あるべき姿、モラルの本筋から言えば問題はあります。ただ、今回のケースは、企業の危機管理に直結する異例の事態、特殊な事情があったことがすべてです。邪心など入り込む余地のない苦渋の決断だったと思います。想像を超えるできごとはやはり体験した者にしかわからない、という限界はあるにせよ、正論だけで一刀両断できる話ではないと思います」

イタリア料理店で小宴があった晩、私はまだ、先々のことに考えが及んでいなかった。怒濤《どとう》のような日々が訪れるとは思ってもいない。東京広告問題や菊池社長の発言も、すべてはあとから知ったことにすぎない。

なぜ、十一月末までに道警との問題を決着させないといけないのか。なぜ突然、編集局幹部は「道警に謝罪しなければならない」などと言い出したのか。

明確な答えを思い浮かべるには情報があまりに不足していた。それでも、編集局幹部の姿勢が変わったことだけは間違いなかった。少し前から微妙に感じ取っていた風向きの変化を、この晩は確実に感じ取った。

小宴が終わったあと、私は大通公園をぶらぶら歩きながら、札幌駅へ向かった。私の勤務表では、その日は休日である。編集局長たちはその足で本社へ戻ったのだと思う。

駅で夕刊紙を買うと、プロ野球・阪神《はんしん》タイガースの記事を読んだ。首位阪神は前日の九月四日まで札幌で横浜と戦い、連勝していた。そしてこの日、空路名古屋へ移動し、六日からの対中日二連戦にのぞむことになっていた。

私は子どものころから大の阪神ファンである。キャンプ地の高知・安芸《あき》には何度も出かけたことがある。

「セ界天王山」。夕刊紙にはそんな感じの見出しが大書きされていた。中日に連勝すれば、二年ぶりのセ・リーグ制覇へ向け優勝マジックが点灯する。

だがその年、阪神が最終的にリーグ制覇を果たしたときのことを私は憶《おぼ》えていない。一九八五年と二〇〇三年の優勝決定は鮮明に記憶しているのに、である。

怒濤のような、私にとっては息もつかせぬ日々がいよいよ始まろうとしていた。

不信、対立、そして混乱

——東京、二〇〇五年九月

イタリア料理店での小宴から六日後の二〇〇五年九月十一日。衆院総選挙の投開票が行われた。

投開票直前の九月九日には、当時の小泉純一郎首相が札幌にやってきた。街頭演説の場所に選ばれたのは、大通公園の西四丁目。小宴のあったイタリア料理店のとなりのブロックだ。そこに小泉首相はさっそうとやって来た。

午後二時過ぎ、気温は二六度。本州と比べれば涼しい一日だったかもしれないが、日なたに出るとじつに暑い。まだか、まだか。待たせるだけ待たせた後、小泉首相は宣伝カーの上に現れた。

大通公園を埋め尽くした群衆にまじって私も演説を聴いていた。「改革を止めるな」と書かれたうちわが打ち振られ、小泉さーん、よっしゃー、などの声が止まない。たいへんな人出だ。群衆のあいだからはカメラ代わりの携帯電話を持つ手がいっせいに伸び、一方向へ向いた。

縦縞《たてじま》のシャツを着込んだ小泉首相は絶好調だった。声はかすれていたが、最初に「ジャガイモやカニがおいしい。北海道は本当にいいところだ」と声を張り上げ、十八番の郵政改革論をぶちあげる。私の立つ場所からは、そんな首相の姿と熱狂する群衆、イタリア料理店の入居する昭和ビルが重なって見えていた。

開票結果を長期出張先の札幌で見届けた私は九月中旬、東京支社国際部の仕事へ戻った。

北海道新聞社の東京支社は東京・虎ノ門にある。小泉氏がふたたび主となった首相官邸の前から下り坂を虎ノ門方向へ歩く。特許庁の脇を抜けてさらに進むと、どこか軍艦を思わせるアメリカ大使館が見えてくる。星条旗がはためく、その巨艦のはす向かいの「共同通信会館ビル」一階が東京支社である。

玄関を入って受付を過ぎると、右手に広告局がある。編集局はその奥だ。支社には一〇〇人前後の社員がいるとはいえ、パーティションで仕切られただけのオフィスだから、編集も広告も営業も、ほぼ全員が顔見知りである。

当時の私は、翌年の二〇〇六年三月一日付でロンドン支局赴任が内定しており、日々の仕事の多くを赴任の準備にあてていた。英国や欧州の政治経済情勢に関する資料を読みあさったり、関連のセミナーに出席したりしながら、英国大使館など関係機関へも顔を出した。支社にいるときは、外電の扱いかたを習得し、欧州関連の取材や執筆をこなす。

しかし、気分は晴れなかった。

小泉自民党の圧勝が決まる数日前、編集局長たちが私に告げた「道警に謝罪せねばならない」という言葉。それが頭の片隅にいつも靄《もや》のようにかかっているのを感じていた。札幌の本社にいる同僚からは「編集局の幹部が毎日のように何やら鳩首《きゅうしゅ》協議をくり返している」といった知らせも届いていた。

やがて「東京支社の広告局で何か不祥事があったらしい」という社内情報が聞こえてくるようになった。毎日のようにオフィスの通路の右手側に見ている東京支社広告局。そこで何か大きな問題が発生している、と。

私がその実態をおおよそ知ったのは九月二十三日だった。

手帳の記載によると、この日は夜勤当番にあたっていた。私は正午過ぎ、東京・水道橋の中華料理店に足を運んだ。秋分の日とあって都心は閑散としている。

水道橋の西口で、札幌の本社から来た後輩と会った。昼食を食べ終わったころ、彼は「労組の新しい委員長がものすごく怒っているんです」と話し始めた。

「東京の広告局で経費が流用されていた件、どの程度聞いていますか？　じつはあの問題、組合も別ルートで察知して、独自に調べたんですね。社内の関係者から話を聞き、流用先だった銀座のスナックにも調べに行きましたから。組合執行部も一線記者がいっぱいいるわけで、取材はお手のものですからね」

「で、委員長は独自に調査した結果を会社側にぶつけた。半年以上も前にわかっていた事実をなぜ葬り去ろうとしているのか。処理はどうなっているんだ、と」

それに対して担当の取締役は、流用を裏づけるだけの調査ができなかった、銀座の店への調査もできなかった、と答えたのだという。

「それで委員長、激怒したんです。なにせ組合で銀座のスナックに調査に行ったとき、店の人から『北海道新聞社さんは何度も来るんだね』って言われたんですから。つまり、会社の人間が先に調査に来て、事実関係を洗いざらい調べて行った、と。東京広告問題についての会社側の動きは、だいたいわかっていた。会社側がどこにどんな調査をしたかも、ぜーんぶ、わかっていたわけですよ」

「新聞社の労働組合だなんだと言っても、いまの組合なんて、昔と違ってガチンコでやっているわけじゃないでしょ。委員長も最初から徹底追及の構えじゃなかったと思う。それなのに会社は、いきなり嘘をついた。就任早々の明らかな嘘だったし、人には立場ってもんもあるでしょう？　委員長も怒るわけですよ。まして道警裏金問題で道新はあれだけの報道をやったんです。あの報道、よくやったね、っていまも方々で言われます。その会社がね、自分たちは不正を抱え込んで隠し続けていいのか、って。誰だってそう思いますよ」

彼の説明は詳細で多岐に渡った。イタリア料理店で抱いた疑念が、少しずつ輪郭を現してくるような感覚があった。疑念の晴れ具合がその時点でどうだったのか、はっきりとした記憶はない。ただ、できごとを日付の順番に並べていけば、大きな川の流れは見えてくる。

二〇〇四年暮れごろ、北海道新聞社の上層部が東京広告の不正を察知した。

ここから先は二〇〇五年の動きだ。

三月ごろ、上層部は東京支社広告局の不正の内容をほぼ正確に把握した。ただし、関係社員を処分することはなく、問題の先送りを続ける。

七月一日、定期人事異動によって報道本部長が交代。新任は経営企画室次長の法務担当だった早坂実氏。私と道警キャップの佐藤一記者は東京支社へ異動。道警キャップも新旧交代。

七月初旬、北海道新聞労組が不正を察知、その後、独自調査で概要を把握。

八月一日、労組委員長が個人名で社内のコンプライアンス委員会に対し、東京支社広告局の不正を調査するよう申し立て。

八月十六日、新しい道警本部長に樋口建史氏が就任。

八月二十九日、道警の樋口本部長と北海道新聞の新しい道警キャップが懇談。樋口本部長が「北海道新聞のけじめ」を要求。

九月五日、札幌のイタリア料理店で編集局長らが私と面談。「泳がせ捜査失敗」の記事で謝罪が必要と明言。

これはのちにわかることだが、道警の新しい本部長が「けじめ」を要求する四日前、つまり、八月二十五日に早坂氏と当時道警総務部長だった佐々木友善氏が初めて会談している。甲84号証に示された秘密交渉の初回だ。

そして、ここに示した二〇〇五年のできごとの後景では、佐々木氏による執拗《しつよう》な「謝罪等の要求」が続いていた。

後輩との昼食は、途中からさっぱり味もわからなくなった。

この会社でいったい何が起きているのか。一見ばらばらに映るいくつかのできごとが、そう遠くない時期に互いに結びつき、奔流《ほんりゅう》となって流れ出す予感があった。

その日の午後遅く、私は東京・神保町に出向き、知人の北岡和義《きたおかかずよし》氏と会った。手帳によると、落ち合ったのは、本屋街の真ん中、岩波ブックセンターの前である。

北岡氏は当時六四歳。読売新聞の記者として札幌で取材活動を続けたあと、一九七〇年代の前半は社会党の若きホープだった横路孝弘《よこみちたかひろ》衆議院議員(現民主党)の公設第一秘書となって永田町を遊泳した。その後、米国ロサンゼルスでケーブルテレビ会社を立ち上げ、現地で報道活動を続けていた。

神保町の交差点近くにある古い喫茶店で向き合いながら、その日は「西山事件」の話を聞いた。

一九七二年三月二十七日──。

横路議員は衆院予算委員会で、毎日新聞の政治部記者だった西山太吉《にしやまたきち》氏から入手した外務省機密電文のコピーを手にしながら、沖縄返還に関する日米両政府の密約に迫ろうとしていた。委員会は押し問答が続き、紛糾しながら議事を終える。

その後、西山氏が逮捕された。国家公務員法違反容疑である。日本を揺るがす「沖縄密約事件」の幕開けだった。

西山氏は機密電文の入手に際して外務省の女性事務官と「情を通じ」(検察側冒頭陳述)ていたなどとして、週刊誌やテレビなどで激しいバッシングを受けるようになる。国家機密に迫るはずだった取材や質疑は、男女の話に変質していった。

国会質疑を傍聴席で見守り、その後の一連のできごとについてもなかば当事者であった北岡氏は、あのころ、何を見ていたのだろうか。

「真実は簡単には明らかにならない。けれども、だ。国家の闇を明らかにする努力は、これはもう永久運動だ。努力を続ければ、機密もいつかは明らかになるだろうよ。その可能性を追求せよ、ってことだな。それが君の仕事だ。おれの仕事だ。西山さんも毎日新聞を追い出されるようにして辞めて、何十年も沈黙して、それでも表に出てきて、密約問題にいまもかかわっている。事件からもう三〇年以上が過ぎているんだぞ。この重さ、この意味、君もわかるだろ?」

北海道新聞社の様子が変わり始めていた二〇〇五年。西山氏は同じ年の四月、「政府は密約の存在を知っていたのに起訴した。密約は違法だから起訴も違法である」として国家賠償請求を東京地裁に起こしていた。

北岡氏はその強力な支援者でもあった。

「西山さんもさ、当時のことは言い尽くせないだろうよ。毎日新聞も最初は紙面で政府に激しく抗議したわけさ。当時の新聞、見たことあるだろ？　知る権利の侵害だ、憲法違反だ、って。ところが足並みをそろえていた各紙もさ、女性問題が出てきたころからおかしくなった。『情を通じ』って検察官が書く前に、最初は警視庁がそういう情報をリークしたはずだな。それに乗って、わあわあメディアが騒ぎ始めた。本質とはまったく違うところで、だ。そういう中で毎日新聞は西山さんを捨てた。報道の本筋を捨てた」

「組織だもの、そりゃ、いろんなことはある。悪党もいりゃ、いいやつもいる。無駄メシばっかり食うやつもいる。騙《だま》し騙され、でな。おれなんか、そんな世界いっぱい見てきたからな。でもさ、大事なことはあきらめないこと、それと仲間を増やすこと。多勢に無勢では、いくら正しいことであっても通らんぞ。逆に言えば、多数が味方になっていれば組織的な悪事は簡単、ってことだな」

ただし、と北岡氏は言った。彼とは何度も会ったが、この日のことが一番記憶に残っている。

「ただし、正論が通らん組織は、しょせん組織ごっこみたいなもんだ。組織が大事なのではなくて、組織として何をやるか、社会の役に立つように何をやるか、だ。組織ごっこしかできない組織は、まあ、自分たちはそれでいいわな。でも、社会にとっては不幸なことだな」

翌日の九月二十四日は土曜日だった。二十三日から数えて三連休の中日である。そのあいだにも札幌からは断続的にさまざまな情報が届いていた。

編集局長があんなに焦っているのを見たことがない、ふだんは開けっ放しの編集局長室のドアがいつも閉まっている、定例の会議が流れた、道警本部に編集局幹部が入っていくのを見た、全国紙の記者が道新上層部の自宅を見張っている……。いったん飛びかい始めると、この種の情報はまたたく間に質も量も増えていく。真《しん》贋《がん》織りまざるだけでなく、うわさがうわさを呼ぶ。

このころになると、社内情報が他紙の知人経由で聞こえてくることも多くなった。「北海道新聞でこんなことがあったらしいけど、内緒で教えてくれよ」といった感じである。どこで聞いたのかと反問しても友人たちは答えないが、「道警経由の情報」であることは否定しなかった。

そんな中、突然、佐藤一記者が札幌の本社に呼ばれた。「対策を練るための会議を開く。出席せよ」との要請である。七月の人事で本社報道本部を去り、東京支社の社会部で厚生労働省担当になっていた佐藤記者は「どうしましょうか」と私に声をかけてきた。呼び出しは連休明けの月曜日、九月二十六日の午後だ。

呼び出し理由とされたのは「裁判対策」である。道警の総務部長だった佐々木友善氏からは「謝罪等要求状」が届き、その中で提訴がにおわされてもいた。

だが、このときの「裁判対策」の話は、それとはまったく違う中身だった。編集局幹部は「組織としての北海道警察が北海道新聞社を民事の名誉毀損《きそん》訴訟で訴える、その準備に入った」と言った。訴えの対象は「泳がせ捜査失敗」の記事だという。

司法担当を経験したとはいえ、私は法律の素人も同然だった。それでも「警察が新聞社を名誉毀損で訴える」という情報を聞いてすぐ納得するほど素人でもなかった。組織としての道警に名誉権はあるのか。過去にそんな事例があるのか。あの記事でどの警察官個人の名誉を毀損したというのか。

道警が訴えると言っても、予算は北海道のものであり、原告は知事になる。高橋はるみ知事がそんなことを了解するのか。裁判費用の予算措置はどうするのか。北海道議会で道警を所管する総務委員会理事たちの了解を得られるのか。警察庁が了解するのか。

そもそも、北海道新聞の報道で追い込まれた末に組織的裏金づくりを認めた道警が、世論をいっせいに敵にしかねない「北海道新聞社を提訴」に踏みきるだろうか。

どう考えても疑問だらけだった。

実際、取材班のメンバーが道警や道庁などを取材したところ、「組織としての道警が道新を訴える」などという話は出てこなかった。道庁のある幹部は「あり得ない。道警が知事とのケンカ覚悟なら別だが」と提訴説を一蹴《いっしゅう》した。

いったい、編集局幹部はどんな根拠があって、「道警による提訴が近い」と言っているのか。

のちに明らかになった佐々木友善氏と編集局幹部との秘密交渉記録、すなわち甲84号証によれば、佐藤記者が呼び出される四日前の九月二十二日午後四時半、北海道新聞の新しい道警キャップが佐々木氏を訪ねている。面談場所は道警本部庁舎に居を構える自動車安全運転センター北海道事務所。佐々木氏の天下り先である。

記録によると、キャップは佐々木氏にこう言った。

「来週月曜日の二十六日午後四時から、佐藤一記者を呼んで、いわば査問委員会をやることになっている。そこには五人入り、私も入ることになっている」

一方の佐々木氏は北海道新聞の動きが悪ければ公開質問に着手するつもりだったと言う。これに対し、キャップはこう言葉をつないだ。

「(査問を)やるので二十七日まで待ってほしい」

私は当時、北海道新聞社の内部情報が他社経由、道警経由で流れてくる状況からみて、意図的に誰かが情報を外へ伝えていると感じていた。佐藤記者の呼び出しにしても、その夜のうちに他社の知人から「おたくの佐藤記者が社内で事情聴取を受けるんだって？」という問い合わせがあった。文字通り右から左への「湯水のような」情報流出である。

それでも甲84号証の記録を読むと、私はまだ甘かったようだ。北海道新聞内部の人間が、こんなにも一直線に道警側に情報を伝えているとは考えもしていなかった。「呼び出し」に応じて札幌へ向かった佐藤記者に、私は一通の文書を託した。パソコンに残る記録をみると、電子メールの送信日時は呼び出し当日の早朝、すなわち、九月二十六日午前三時三分だ。「添付ファイルをプリントアウトして幹部に渡してほしい」と添え書きしている。

「『泳がせ捜査』の記事の対応について」

そう題するA4判のペーパーは四枚。文字数は全部で三七〇〇を超えている。文書の中で、項目を立てながら私は主張した。

（一）記事の内容が誤報、虚報ということはあり得ない。取材の組み立ては以前説明した通りであり、そのときは編集局幹部も「問題ない」との判断だった。情報源は道警内部。機密保持の面から、情報源の固有名詞などは言えない。高田以下の取材記者にとどめておく。

（二）万が一、「泳がせ捜査失敗」の記事が訴訟になれば、情報源を明示できないので敗訴する。それでも警察内部の情報源を証言台に立たせることはできない。
（三）警察庁や知事の意向を無視して警察本部が新聞社相手の名誉毀損訴訟を組織決定はできないだろう。

こうした指摘は全部で一四項目を数える。そして結論部分ではこう書いた。

「裏金報道は『悪いことは悪い』と指摘したことが本旨であって、それ以上でも以下でもない。菊池社長もその点は、二〇〇四年の新聞大会などの席で再三強調し、それこそが新聞の大きな使命であると表明してきた。取材班はそうした会社側の後押しがあったからこそ、一連の道警裏金報道ができたと理解しているし、感謝している」

「(道警の提訴はあり得ないが仮に) 提訴を回避するために水面下で相手と交渉を持ったとすれば、そのほうがリスクは大きい。相手がある以上、そうした話し合いは常に表面化する危険を孕《はら》んでおり、万一露見すれば、それだけで報道機関としての使命は終焉《しゅうえん》する。道警の裏金報道は全国の注目を浴びただけに、そのリスクはさらにふくらむだろう」

「室蘭事件の際も、最後は道新がしかるべき措置を取り、刑事司法に委《ゆだ》ねる部分は委ねたからこそ、読者・道民の一定の理解を得て乗り越えることができた。いかなる判断・対応も、『報道機関はどうあるべきか』を軸に考えるべきであって、道警と道新のあいだに何か特殊な関係が築かれた等々と邪推されかねない行為は、あってはならないと思う」

この文書を編集局幹部たちがどう受け止めたのか、それはわからない。「です・ます」調も使用しない生意気な語調だったから、そもそも読まれなかったかもしれない。

九月二十六日夕、東京にいた私に佐藤記者から連絡があった。呼び出しの内容はどうだったのか。「針のむしろだったかい？」と問う私に対し、電話口で彼は怒りをぶつけていた。

編集局幹部らは応接室で佐藤記者を取り囲み、「泳がせ捜査失敗」の記事の情報源を言え、言え、言え、と迫ったという。説明を拒むと、取材できていないから言えないんだろう？　おまえの負けだな、と。

「大事件の犯人のような扱いでした。本当に許せませんよ」

道警による民事訴訟の提訴など事実上可能性はゼロだし、実際にそんな動きもない。佐藤記者がいくらそう説明しても、編集局幹部は「提訴は近い」「その根拠は説明する必要がない」とくり返したという。

翌日の二十七日午前、道警キャップが佐々木氏を訪ねた。「報告」のためである。

甲84号証によると、こんな報告だった。

「昨日午後四時から二時間半に渡り、佐藤から泳がせ捜査の記事の根拠について聴取した。早坂報道本部長が『この記事は完全な負けだな』と言うと、佐藤は『取材にもとづいて書いたものでねつ造ではない』と話した。さらに早坂氏が問い詰めると、佐藤記者は説明に窮したため、早坂氏は今月いっぱい時間をやるから記事の根拠を説明せよと要求した……」

そういった「報告」のあと、キャップは自身のこんな見解を伝えている。

「佐藤聴取の会合を持つにあたって、早坂報道本部長は、社長、編集局長、各役員には了解を取りつけているはずだ」

「佐藤のねつ造は明らかだが、佐藤が追加材料を示したいと言っているので、言い分を聞くため時間を与えた。本人が覚悟を決めるための時間だ」

「自分は今後、『泳がせ捜査失敗』の記事は間違いだった、そんな事実はなかった、という材料を集めることになる。自分はきょうの夜、早坂本部長に時間をくれと言われているので、いろいろ話す予定だ」

記録によれば、キャップはさらにこう伝えたという。

「(社内調査の)節目には早坂から(佐々木さんに進行状況を)報告します」

「(今後)どのように道新が対応するか、佐々木さんの納得を得られないものではダメなので、（北海道新聞社は佐々木さんと）事前に話し合うようになる」

聞き終えた佐々木氏は、こんな要求を突きつけた。

一、調査。確実な調査を早急にすること
二、謝罪。私だけでなく他の疑惑記事を書かれた関係者にも謝罪すること
三、検証。ねつ造記事の検証を行うこと
四、処分。ねつ造記事について責任がある道新の関係者を処分すること
五、改善策。

呼び出しは佐藤記者以外にも広がった。いずれも「泳がせ捜査失敗」の記事の取材にかかわった記者たちである。道警記者クラブに所属し、裏金問題の取材でも走り回った後輩たちだ。

彼らに対し、編集局幹部は問い続けた。

情報源は誰か。

言えないのはなぜか。

情報源を言えないのは取材していないからではないか。

後輩たちへの聴取が始まる前、私はくどいほど念を押していた。

「いまは何もしゃべるな。社内の情報が道警へ筒抜けだ。佐藤の聴取内容も翌日には他紙に漏れていた。社内のどっかから話が抜けている」

泳がせ捜査に関する取材では、道警の捜査員たちだけでなく、暴力団関係者にも直接取材した。服役中の稲葉圭昭元警部にもある方法で接触し、事実関係の一部を確認していた。

「そんな取材相手の名前が社外へ漏れてみろ。まして道警へ漏れてみろ。おれたちの記者生命は終わりだぞ」

小泉選挙で揺れた八月と九月は、早くも終わりかけていた。

そして十月。今度は「東京広告問題」が社内で火を噴いた。

労働組合対新聞社

――札幌、二〇〇五年十一月

二〇〇五年十月十四日の金曜日、私は休暇を取って、東京郊外の国際基督《キリスト》教大学（ICU）へ足を運んだ。学生たちのグループから「大学で報道に関する講演を」と頼まれていた。

JR中央線の武蔵境駅で降り、タクシーで向かう。

キャンパスは、旧日本軍の戦闘機をつくり続けた中島飛行機の跡地にある。日本最大の航空機メーカーだっただけあって、大学に姿を変えた敷地はじつに広い。学生時代に何かの用件で訪れたことはあるが、「こんなに広かっただろうか」と思うほどだ。

大学へ着くと、教員の柴田《しばた》鉄治《てつじ》氏に迎えられた。朝日新聞記者として一世を風靡《ふうび》した人である。調査報道の経験も豊富で、私からすれば仰ぎ見るような存在だ。

「今日は遠くまで、ありがとうございます。学生たちが無理を言ってすみません」

柴田氏はいつも丁寧だ。

初めて会ったのは、道警裏金報道が日本ジャーナリスト会議（JCJ）大賞をもらったときの授賞式である。東京・日比谷のプレスセンターで行われたセレモニーのあと、柴田氏はこんな声をかけてくれた。

「いまは警察の反発も強いから現場はたいへんでしょう。でも必ずいつか、警察からも感謝される日が来ます。悪弊を断ち切る機会をつくってくれた、と。その日は必ず来ますから」

あの八月十四日の授賞式からすでに一年二か月が過ぎていた。しかしながら、警察に感謝される日が訪れる気配はない。それどころか、事態はいっそう複雑になっている。

ＪＣＪ大賞の授賞式では、同じく大賞を取った沖縄県の琉球《りゅうきゅう》新報の記者とも知己になった。授賞式の始まる前、控え室で彼が激怒していたことはいまも忘れない。

「きのう米軍のヘリが沖縄国際大のキャンパスに落ちたんですよ。たいへんなことですよ。わかりますか？　その意味、わかりますか？　でも、この本土の新聞の扱いは何ですか。いったい、これは何ですか！」

テーブルに積み上がった全国紙の一面は、アテネ五輪の開幕式典の様子を大きく伝えていた。カラー写真をふんだんに使い、本当に派手な紙面になっている。

一方で、米軍のヘリ墜落を一面で大きく報じた新聞は見当たらない。琉球新報の記者が手にしていた沖縄の新聞とは雲泥の差があった。

「キャンパスに落ちたんですよ。ヘリが校舎にぶつかって落ちたんですよ。大破です。夏休みだったから学生や職員はほとんどいなかったから、けが人も出ずに済みました。でも現場はすぐ米軍に封鎖されて、沖縄県警の捜査員も追い出されたんです。警察は現場検証もできない、捜査もできない。裏金をつくるのも警察の現実、事実上の治外法権の前で立ちすくんでいる沖縄県警も警察の現実。それこそが市民に伝えるべき日本の姿だっていうのに、何ですか、本土紙の報道は。アテネ、アテネ、アテネ。沖縄は日本じゃないんですか。そう言いたいですよ」

同じように広いキャンパスでも、東京郊外のこの大学に米軍ヘリが落ちる可能性はほとんどないだろう。ここが軍用機の生産拠点だったのは、もう六〇年も前の話だ。

会場へ行くと、教室は満席に近かった。学生だけでなく、一般市民の顔も見える。そして私はマイクの前に立った。

……報道は常に読者、市民のためにあります。でも、新聞は権力と親しくなりすぎました。そしてそのことを市民はとっくに見抜いている。このまま権力と二人三脚で歩んでいくと、いよいよ新聞は断末魔の世界に入っていくでしょう。

終了後、講演会の実行委員を務めた学生たちと、近くの居酒屋で打ち上げ会を開いた。あれやこれやと大声がにぎやかに飛びかう。

昼間の講義も夜の宴席も学生たちはじつに熱心に耳を傾けてくれた。真剣だった。少なくとも私にはそう映った。実行委員のメンバーのうち何人かは卒業後、新聞記者や通信社の記者になった。

夜遅くになって、私は新宿に立ち寄った。もう一件、別の予定が入っていた。新しいメディアをつくるための相談がしたい。実業家を名乗る相手はそんなことを言っていた。

新宿駅でJR中央線の快速電車を降り、待ち合わせ場所の京王プラザホテルへ急ぐ。歩道で携帯が鳴った。札幌の同僚からである。

「まだ未確認なんだが、組合の委員長がコンプライアンス委員会に申し立てていた件、どうやら結論が出たみたいだ」

東京支社広告局の社員による経費流用に関して、会社は問題を闇から闇へ葬り去ろうとしている。その対抗策として、委員長は八月一日、コンプライアンス委員会に真相究明を求めていた。あれから二か月になる。

「それで、どうなったんですか」

「(会社側は)知らぬ存ぜぬで通す、という結論らしいよ。コンプライアンス委員会は問題ないと結論づけ、経営陣はその結論にもとづいて、事案の公表も自社による記事化も不要だ、と。コンプライアンス委員会って言っても、しょせん社内の幹部だけで構成された組織だからな。筋書きは見えていたけどな」

しかし結論から言えば、闇から闇へ葬り去ることはできなかった。毎日新聞社の北海道報道部の記者が取材に動き、北海道新聞社に正式コメントを求めてきたからだ。

「全国紙に漏れた以上、秘密の完全な保持は難しい」と会社側は判断したようだ。いったん「公表しない」と決定していた事案は十月十九日、一転して会社から記者発表された。

毎日新聞はこう書いている。

「北海道新聞社の元東京支社営業部長が経費を私的に流用するなどし、約五〇〇万円を着服していたことが十九日、わかった。元部長はすでに退職し、示談に応じているため刑事告訴はしない方針。十四日付で当時の本社広告局長の常務を減給一か月など上司三人を処分した。昨年五月には室蘭支社でも営業部次長が広告料約五九〇〇万円を着服した事件が発覚しており、社内の管理体制の甘さが問われそうだ」（二〇〇五年十月二十日朝刊、個人名など記事の一部は省略）

事件がついに表沙汰《おもてざた》になった。

ちょうどこのころ、道警元総務部長の佐々木友善氏は、北海道新聞社に「最後通告書」を送りつけている。文書は十月十八日付だ。

自分の質問や抗議に対して早く回答を出さないと、ことの次第を公にするぞ、という内容である。

甲84号証によれば、毎日新聞の記事が出た翌日の十月二十一日、午後四時五分から短時間、北海道新聞の道警担当キャップが佐々木氏を訪ねた。足を運んできた記者に向かって、佐々木氏はおおむね、こんな内容を伝えた。

「報道本部長の早坂さんら、ねつ造記事を絶対に許さないという行動は立派だ。そのせっかくの前向きの姿勢が、社内の反対勢力によって潰《つぶ》されそうになっているのではないかと思ったから、私もあの最後通告を出した。早坂さんらへの援護射撃にもなるだろう」

それから三〇分もしないうちに、ふたたびキャップは佐々木氏の執務室を訪ねてきた。佐々木氏の執務室は道警本部庁舎の一階、道警記者クラブは二階。階段の昇り降りだけで行き来できる。

今度はキャップが北海道新聞社からのメッセージを伝えた。

佐々木さんの要求については、社長も入る常務会で調査委員会を設置することが決定しました、ここ二、三日で委員のメンバーを決めます、と。

さらにキャップは、こんな内容を伝えた。使いっ走りの、メッセンジャーボーイのような動きである。

東京支社広告局の経費流用問題で会社と労働組合が揉《も》めています。組合は昨日十月二十日、会社側と交渉を持ちました。なぜ当該社員の退職前にきちんと調査しなかったのかと問う組合に対して、会社は「道警との緊張関係が続く中、捜査に入られたくなかった」と回答しています……。

毎日新聞の記事が出てから一週間後の十月二十七日。北海道新聞社の労働組合は札幌の本社で会社側と団体交渉を持った。組合はこの交渉を「広告費詐取団交」と呼んでいた。前回二十日の交渉に続き、二回目である。

交渉内容は当時、北海道内で発行されている月刊誌などが詳しく報じている。交渉はじつに激しかった。

冒頭、委員長は「具体的な議論に入る前に一言述べたい」と前置きして、こう語っている。「今日の団交では私たちが出席を要求した常務（広告担当）、コンプライアンス推進委員長（常務、経営企画室長）、広告局長の三人がいずれも出てきていない。この三人は、どう考えても、効率的で実のある団交を進める上で不可欠の人たちだ。この三人が出てこないということは、事実上、会社側が団交を拒否したに等しいと考える」

質疑は長時間に及んだ。交渉が中盤に差しかかるころ、組合側はこう尋ねた。

広告社員を懲戒処分にせず、被害届も出さなかった理由は、いったい何か、と。

労務担当の常務が答えた。

「広告局としては、この問題が外に出て警察権力が入ってくる懸念があると。それを回避したいということで、外には出さない、出したくないという思いで（処分の先送りを）やった。あくまで道警との緊張関係という状況の中で判断したということ」

「一連の判断、動機、経緯は何回もくり返すことになるが、室蘭問題というものがあって、警察が捜査に入り、会社の中で、大変、権力の怖さというか、恐ろしさとか、また、本当に企業そのものの存亡にかかわりかねないような捜査を受けた。その中で、どうにか権力の介入を避けられればいいな、と。会社に隠蔽《いんぺい》するという考えはなかった。苦渋の判断だったと思っている」

一年前、室蘭支社営業部次長の横領が発覚したときも、労働組合は会社側と団体交渉を持った。そのときこの常務はこう答えている。

「道警の組織ぐるみの不正を暴く立場で、新聞社がこうした過去にないような大規模な不正が一人によって起こされた。それを隠すことは、当然、社会的な、新聞社の信用失墜につながる。そういうことをもろもろ考えて、室蘭事件では、社内調査が終わって処分が確定して、すみやかに自ら北海道新聞社として記事化すると同時に、他社の取材に対してもスピーディーに対応した」

東京広告の団交で、組合側はそのときの常務の答弁を持ち出し、こう尋ねた。

室蘭事件のときはすみやかな処分を誇っていたのに、一年もたたないうちに同じような事件が発覚したら、同じ常務が今度は隠蔽する側に回った。これはどういうことなのか。

常務は答えた。

「あくまで今回の判断には、警察権力の介入は招きたくないという判断があった。信頼がそがれていくことはたいへん申し訳ないが、判断するときには、あくまで警察の介入を求めたくないと……（組合が指摘する通り、担当役員が内部調査に関する書類の）廃棄を指示したというのは事実だ。その理由も警察の介入を避けたい、社内でなるべく知られたくないという判断だった」

このあと、組合は、会社が支払う必要のない退職金二〇〇〇万円を当該社員に支払ったことを追及した。支払いを認めたことは、商法上の特別背任にあたるのではないか。あるいは善管義務違反、注意義務違反に該当しないのか。組合が商法を専門とする大学教授や二人の弁護士に聞いたところ、これらの行為は特別背任にあたるとの見解だった。社員の依願退職は取締役会全体で承認されているから、取締役全員の責任も問われかねない事態だ。

「弁護士からは、検察庁に相談したらどうかとのアドバイスももらった。会社はどう考えているのか」

経営陣は「組合の指摘は聞いておく」と答えるのが精一杯だった。

組合はさらに追及する。

先の「小泉郵政選挙」において、静岡県の第七区から立候補して当選した自民党の片山さつき氏の選対幹部として、この依願退職した北海道新聞社員が働いていた。会社は「当該社員が病気で入院したから調査ができなかった、そのうちに社員が自己都合退職を表明した」と言っているが、これも事実と違うのではないか。

常務は「(当該社員が選挙)運動に携わっていたことは聞いている」としか応じない。

団体交渉は終盤に差しかかった。組合側の舌鋒《ぜっぽう》は衰えを知らず、さらに追及を重ねた。

「会社はくり返し道警との緊張関係ということを言うが、今後も道警との緊張関係は続くだろう。そう簡単に収まるとは思えない。その間、詐取事件が起きたとしてもお目こぼししてもらえる、退職金までもらえるということでいいか」

常務は、退職金支給は間違っていなかったと思う、と答えた。

組合はここで、企業や官庁による組織的な隠蔽について、北海道新聞が過去に掲げた社説をいくつか読み上げた。

まずは二〇〇四年十二月二十七日に掲載されたNHKの不祥事に関する社説。

「視聴者の怒りは当然だが、残念なのは、不祥事が明らかになったあとのNHK側の対応が、不信感をさらに深めたことである」「経営側の一連の対応からは、自分自身と、自らが率いる組織とに、不祥事を起こす構造的な問題があるのではという自覚が伝わってこない」

次いで二〇〇二年九月三日の社説。東京電力が原子力発電所の事故やトラブルを隠蔽していたことが発覚し、経営陣が辞任したことを論評する内容だ。

「荒木会長は日本経団連の企業行動委員会委員長として、企業行動憲章の倫理規定を見直し、強化する立場にあった。その東電での不正だ。首脳陣が一斉辞任で責任をとるのは当然である」

社説の読み上げは続き、紙面のコピーは席上、会社側にも手渡された。居並ぶ取締役や幹部たちは、どんな思いでそれを聞いていたのだろうか。

長時間に及ぶ交渉の最後、委員長はふたたび会社側に重い問いを投げかけた。

「もうお気づきだと思うが、本件の、この愚かな案件の構図が、かなり固まってきたと私は思う。つまり、もともとは一人の社員の非行だ。チンケといえば語弊はあるが、一五〇〇人も社員がいれば、悪いやつの一人や二人出てくるのは、悲しいことだがある意味、致しかたないことだ。きちんと処理していれば、こんなことにはならなかった。それを隠蔽した上に、さらにその行為を取締役会が追認してしまったことで、構図が決定的に固まってしまった。社員の詐欺を外に出したくない、警察を呼び込みたくないとして、さまざまな工作をやってきた結果、九階の役員室に警察さんいらっしゃいと言っているような構図になってしまったわけだ」

「個人をスッテンテンにしようとか、どいつもこいつも会社からたたき出してやろうとか、そんな気は毛頭ない。ひょっとして会社は誤解しているのかもしれないが、別につるし上げようとかいうことではない。こまごまと、役員から役員への情報の伝達の経緯を聞くのも、誰かをやり玉にあげようとか、個人攻撃しようとか、個人に疑惑があるかのようなもの言いをしようとか、そういうわけでは全然ない。すべてが事実の解明に必要だし、北海道新聞が出直すために必要だと思っているからだ」

こうして組合によるこの日の追及は終わった。

激しい団体交渉の翌日。

北海道新聞報道本部長の早坂実氏は、北海道警察本部のはす向かいにあるホテルガーデンパレス札幌で、佐々木氏と面談した。

甲84号証によると、早坂氏は東京広告問題などに軽く触れたあと、「(道新は)たが緩んでいるんですよ。あまりにも野放図にやらせすぎだ。組織として成り立っていないんです」と語っている。

前日の団体交渉では、法務担当の経営企画室次長も厳しい追及を受けている。三か月ほど前までそのポストに座っていたのは早坂氏自身だ。「不祥事の隠蔽が行われていた」と組合に指弾された時期に、そのポストに座っていたのである。心中は穏やかではなかっただろうと思う。

面談では佐々木氏が提出済みの「最後通告」を話題に出し、通告期限の十一月八日までに早く動き出すように求めた。それに対し、早坂氏は今後の「社内調査」の日程を伝えている。甲84号証に残された面談記録には、同じ日程案を道警本部の現職広報課長に説明する、と読み取れる部分もある。

十月はまたたく間に過ぎ去り、十一月がやってきた。

一日、菊池育夫社長は創立記念日の演説で「正論」だけではものごとは運ばない、と全社員に向けて語った。社内では団体交渉の経緯を知った社員たちが怒りの声を上げていた。「会社側は何を考えているのか」「これで報道機関と言えるのか」。そんな組合のビラが職場中にまかれた。

本社から一〇〇〇キロも離れた東京で、ロンドンへの赴任準備を進めながら、私自身も大きな混乱の中に投げ出されていた。

「おわび社告」掲載

――札幌、二〇〇六年一月

あの部屋で編集局幹部らと向き合ったときのことは、この先も長く忘れないだろうと思う。

二〇〇五年十一月十四日午後。

北海道新聞の社内で経営陣と労働組合が激しくぶつかり合った、あの団体交渉から二〇日近くが経過していた。

北海道新聞社の本社二階にあるインタビュールーム。低いテーブルを応接用のソファが囲んでいる。窓はなく、部屋の隅にはレンタルとおぼしき観葉植物の鉢植えが置いてあった。

私の正面に座ったのは、報道本部長の早坂実氏と編集局次長の須賀《すが》信昭《のぶあき》氏。私から見て右手側のソファには報道本部の編集委員が座っていた。この編集委員とは四か月あまり前まで机を並べていた仲である。

ちょうど一週間前の十一月七日には、裏金問題の取材時に道警担当キャップだった佐藤一記者がふたたび呼び出されていた。彼は「九月のときと同じです。まるで査問でした。『泳がせ捜査失敗』の記事が正しいと言い張るなら、ネタ元を言ってみろ。誤報だろ、それを認めろ、と。その一点張りでした」と語っていた。

甲84号証の記録によると、佐藤記者が呼び出されたその日、早坂氏は聴取開始の直前までホテルの喫茶店で道警元総務部長の佐々木友善氏と会っていた。

「ちゃんと、きっちり言ったことはやっていますから……（聴取は）二人に通知しました。きょう会います。これから」

佐々木氏はこの時点で、翌々日の十一月九日に記者会見を予定し、問題を公にするつもりだったと述べている。会場としてホテルも予約したという。

ところが「きょう聴取します」という早坂報道本部長の言葉を聞き、配布するつもりだったという記者会見の案内文書を差し出した。これは使わないから、という意味である。

そして佐々木氏は「やっぱり早坂さんはたいしたもんだ、やるべきことはちゃんとやるんだね」という趣旨のことを語りながら、北海道新聞の社内調査のやりかたについてアドバイスを与えた。裏金発覚当時に道警本部長だった芦刈勝治氏らにも話を聞くべきだよ、と。

インタビュールームで私と向き合ったとき、早坂氏は最初、ほとんど口を開かなかった。話すのは、もっぱら編集局次長の須賀氏である。内容はこうだ。

道警が組織として北海道新聞社を提訴しようとしている。きょうは訴えられた場合に備え、事前に事実関係を煮詰めておきたいから来てもらった。佐々木氏からの抗議はまったく関係ない。あれはクレーマーみたいなものだから放ってある。きょうの聴き取りはあくまで裁判への備えだ……。

須賀氏は続いて「泳がせ捜査失敗」記事の情報源を聴いてきた。私は答えた。

「取材の組み立ては説明済みです。記事が出て道警からの抗議があった三月の時点で、それは何度も説明しました。そのときは問題ないという結論になっています」

高田君、状況は変わっているんだ。もう一度、トレースしたい。情報源はAとかBとか、匿名で説明されているが、これは誰か。

「言えません」

警察官の階級くらい言ってもいいだろ。警部か？　警視か？

「言えません」

言えない理由は何だ？

「道警が民事で提訴するなんて話はありません。自分も道警や道庁など関係者から取材しました。そんな話はありません。知事側近も否定しています。知事もあずかり知らぬところで、道警が地元最大の新聞社を提訴するなどできません。そもそも、道警が提訴するという、その根拠はなんですか。どうして提訴が近いという判断をしているんですか」

私の記憶では、それまで黙って聞いていた早坂氏はその瞬間、初めて口を開いた。

君にそんなことを言う必要はない。説明する必要はない。提訴は迫っている。それが北海道新聞社の判断だ。

「私の判断は違います。いずれにしても、いまの状況は異常です。道新社内の情報は道警に筒抜けです。誰かが道警に情報を伝えています。ここで話した内容を完全に社内限りにするという保証ができますか？　道警にまったく言わないと断言できますか？　その保証をどう担保できるんですか？　こんな状況で『泳がせ捜査失敗』に関する記事の情報源など絶対に言えるわけがありません。どんなことになっても言いません。私だけでなく取材班の誰も言いません」

最後の問いは早坂氏だった。

君も業務でやったことだ。業務でやったことなら、質問に答える義務がある。守秘義務のことが気にかかるなら、顧問弁護士を同席させる。その上で守秘義務を約束させる。それなら言えるだろう？

「わかりません。でも、話し合いのすべてを拒むわけではありません」

それで終わった。

早坂氏は私の真向かいでため息をつきながら、天井を少し見上げた。

私は身づくろいをしながら別のことを考えていた。裏金問題のときも、道警は組織内部の情報源を突きとめることに躍起になっていた。しかし、今回は尋常ではない。

「道警が泳がせ捜査に失敗して、覚せい剤一三〇キロ、大麻二トンが国内に流入した」というあの記事は相当の痛撃となって、掲載から半年以上が過ぎたいまも、道警を大きく揺さぶっているのかもしれない。新聞社へ情報を提供した警察関係者は誰か。組織の裏切り者は誰か。それを必死に探しているのかもしれない。

札幌地裁に提出された甲84号証を見るかぎり、編集局と佐々木氏の秘密交渉はそのあと、一か月近くぱったりと途絶えている。前後の接触状況からみて、やり取りがまったくなかったとは思えない。しかしなぜか記録は残されていない。

その代わり、その時期の動きを示す重要な社内メモがいくつか残されている。道警キャップと道警広報課長の一対一のやり取りを、その記者自らが書き残したものだ。メモはその後、社内の上層部に回覧されたらしい。

最初のメモは十一月十七日付。

広報課長「お宅の広告局の問題でちょっとうちの内部の状況が変わってきた。端的に言うと、事情を聴く可能性が出てきた。新聞や雑誌にあれだけ報道されたことで、道警内外から『なぜあの案件を触らないのか』との声が出てきている。早坂さんに内々に伝えてほしい」

道警キャップ「決定事項か?」

「その段階までは行ってないが、部長クラスで明日《あした》会議を開いてお宅の案件についての対応を決める流れになっている」

「事情を聴くとしたら?」

「経営企画室がまず、最初になるだろう」

「本格捜査に入る可能性もあるのか」

「事情を聴くかどうかも決めてないから。まだその前段階だ。ただ捜査するとなると、関係先にガサ（家宅捜索）を入れることになる。役員室だとかも当然対象になる……。特別背任や背任は立件が難しいと思うが、うちにはアンチ道新がたくさんいるから。その点（払うべきでない退職金を元広告社員に支払ったことに伴う会社の金銭的損害を指す）がきれいになれば、うちが事件化しようにも手がつけられなくなるんだろうけどな」

このメモを見た北海道新聞社の幹部たちは震え上がったに違いない。東京支社広告局の問題で隠蔽《いんぺい》工作が行われていたとき、早坂氏は経営企画室次長として法務を担当していた。

いま思えば、早坂氏は自分の運命を呪っていたに違いない。

二通目のメモは翌十一月十八日の金曜日付だ。時間は午後。「場所　道警本部広報課長室」の記載があるから、個室で一対一で向き合ったと思われる。

広報課長「昨日の例の話、道新のしかるべき人に事情を聴くことが決まった」

道警キャップ「時期は？　そして聴取先はどこになるのか？」

「具体的には決まっていない。時期はどちらにしても来週以降になる。聴取先も未定。とりあえず私が窓口になって対応にあたることになると思う。キャップに逐一、情報は入れるから」

「会社に捜査員は来る？」

「そのあたりは考える。近くにホテルを取るとか」

「案件は？」

「広告問題全般という感じかな」

「（捜査が）先に延びる可能性は？」

「話を聴いてからだよ、その判断は。まず、どんな状況だったのか、その概要を聴こうという話だから」

いくら任意とはいえ、特別背任に関する問題で新聞社の幹部から事情を聴くなどということは、警察にとって簡単ではない。特別背任はただでさえ、事件として難しい。検察の合意取りつけも困難なケースが多い。捜査に失敗すれば、世論の激しい批判を浴びる可能性も高い。

まして北海道新聞と北海道警察は裏金問題で鋭く対立していたから、かりに特別背任を立件しようとしても、捜査員が北海道新聞社に入ったとたん、道民が「裏金問題の意趣返しか」と反発する可能性もある。

それでも、北海道新聞社の上層部は敏感すぎるほどこの「メモ」に反応した。週明けの十一月二十一日の月曜日。取締役会が開かれ、元社員に支払われた退職金二〇〇〇万円を役員たちが会社に弁済することを決めた。このときの判断は速かった。

十二月に入ると、東京広告問題はしだいに沈静化に向かって動き始めた。道警の捜査が入ることもなかった。取締役たちが元社員の退職金を弁済したこともあり、厳しい姿勢をみせていた労働組合も交渉の着地点を探しているように映った。

それは当然のことでもある。生きた会社組織である以上、内部で永遠に突っぱり合いはできない。

十二月八日、私は東京の英国大使館に出向き、次の春からのロンドン駐在に備え、査証《ビザ》を正式に申請した。大使館の職員と歓談し、その後、引っ越し業者との打ち合わせもあった。銀行口座の手続きなど、やっておくべきことはいくらでもあった。

甲84号証の記録は、十二月十五日から復活している。

道新側が「社内調査は必ず実行し、結論を出す」という趣旨を説明し、佐々木氏は「やはり記者会見をやろうと思っていたが、調査をちゃんとやるなら会見はやめる」と応じる。

十二月二十一日の記録はこうだ。

場所は佐々木氏の執務室。例によって道警記者クラブに詰めているキャップが足を運び、伝えた。

「（社内調査の）第一段階で本人たちが（ねつ造記事の責任を取らされて解雇などで）辞めてしまうと、第二段階の調査でネックになるのは確か。それでも調査の方法はある」

「いまはまだ（編集の現場は）道警裏金報道の大きな流れ、大勢としての潮流のまま来ている。（道新が）謝罪意思を固めたのは、まだ裏の動き。いま表面化したら潰《つぶ》れる。これを表面に出した段階で、いままでの（裏金追及という）潮流を止め、流れを変える……そのためにはセレモニーが必要。それが（『泳がせ捜査失敗』という）ねつ造記事に関する謝罪と検証記事化だ」

「（調査と謝罪のやりかたについて）編集局長と早坂と私の三人で極秘に詰めた。いまは山本哲史編集局総務が一人強硬に反対し、大きな障害になっている」

編集局総務とは、三、四人いる編集局次長の筆頭ポストである。山本氏は裏金報道が続いていたときの報道本部長であり、私の直属の上司だった。

私はこのころ山本氏に対して「早坂さんの考えはおかしい。きっと道警と裏で何かやっている」と何度か訴え出たことがある。その都度、決まって「早坂はそんな悪人じゃないぞ」とたしなめられた。そしてそれ以上のことは何も言ってくれなかった。

その後、私がロンドンに赴任していたとき、山本氏は倒れ、帰らぬ人になった。私も裏金取材班のメンバーも、ほとんどの部下が親しみをこめて「てっちゃん」と呼んでいた。「北海道新聞の良心」と言われ、裏金報道の際は徹頭徹尾、取材班を支えてくれた。

甲84号証によると、後輩の道警キャップはその「てっちゃん」だけが謝罪に強く反対し、「障害」になっていると相手に伝えていた。その上でさらに踏み込んだ。

「謝罪記事は（北海道新聞の）一面でまずはっきり詫《わ》び、社会面の二ページ、見開き、広告なし（の分量）で詳細に検証をやる。これは（事前に）外に漏れると潰しが入ってきておかしくなるので、極秘にしている」

二〇〇六年が明けた。

一月五日の木曜日午前一〇時半、私は本社九階の役員室フロアーに編集局長の新蔵博雅氏を訪ねた。正月明け早々である。

常務取締役の編集局長はふだん、六階の編集局で仕事しているが、経営陣が陣取る九階にも個室を持っている。

新蔵氏に呼ばれたのか、自分から出向くと言ったのか。その記憶と記録は明確ではない。ロンドンへの出発は二月中旬に迫っている。赴任前にきちんとあいさつができるのは最後かもしれない、という形だったようにも思う。

陽光が降り注ぐ窓を背にして新蔵氏、それに向き合う私。

ロンドンでの取材計画などについての話が終わり、他愛もない雑談があった。お互い、あの話をどう切り出そうか、探っているような感じがあった。

「本題」はそんなに長い時間ではなかった。おおむね、こんな内容である。

「高田君な、あの話はおれにまかせろ。まあまあまあ、いろんな動きがあってよ。東京広告問題やら、泳がせ捜査失敗の記事の問題やら、いろんなものが団子になって来た。君の言い分もわかる。あれだけの仕事をしたんだ。誇っていい。でも、ここは謝るべきだ。謝ったからと言って、裏金報道の輝かしさが全部消えるわけじゃない」

私はじっと聞いていた。

「君らに対する処分も出す。高田君とハシメ、この二人だな」

ハシメとは、裏金報道のとき道警記者クラブに陣取っていた佐藤一記者のことである。名前の読みは「ハシメ」であり、「ハジメ」と濁らない。

「おれを信じろ。悪いようにはしない。おれにまかせろ。裏金報道のときの苦労は、おれが一番わかっている。でもよ、おまえだって組織人だから、わかるべや。こういう状況で会社として何もしないでは収まらないんだ。処分は出すけれどな、それを呑《の》んでくれ。これは裏金報道を傷つけるものじゃない。誇っていい」

話の最中《さなか》、新蔵氏は親指を立て、おれだってコレにいろいろ言われてたいへんなんだ、という趣旨を言った。親指、すなわち菊池育夫社長である。

「悪いようにしない。おれを信じろ」とくり返す新蔵氏。その気持ちは本当だったのだろうと思う。

新蔵氏に対する社内評はいろいろあった。毀誉褒貶《きよほうへん》、さまざまである。人は集まると他人のことを、ああでもない、こうでもない、とあれこれ評する。組織とはそういうものだと思う。

私の目には、新蔵氏はざっくばらんで、きわめて善人に映っていた。その思いはいまも変わらない。

新蔵氏とふたたび会ったのは、六日後の一月十一日である。

場所は東京・虎ノ門のホテル「虎ノ門パストラル」。このホテルは三年後に閉鎖、解体され、更地になった。ツインタワーの高層ビル計画も折からの不況で進まなかった。

個室で、われわれは相対した。編集局長の新蔵氏は編集局次長の須賀信昭氏を伴っていた。こちら側は私、佐藤記者ら三人。

新蔵氏は私たちに言った。

「泳がせ捜査失敗の記事は取材不足だったということで、『おわび』を出す。高田君とハシメ君を懲戒処分にする。これは決定だ。受けてくれるよな」

新蔵氏は「悪いようにはしない」とくり返す。懲戒処分は重いものではない、と言いたかったようだ。

私たちは反論した。

いったい、どんな調査が行われ、どんな経緯で取材不足と判断されたんですか。会社側は「泳がせ捜査」に関する情報開示請求を道警に対して行いましたよね？ そして道警からは「泳がせ捜査」に関する書類は不存在だと連絡がありましたよね？ だから泳がせ捜査はなかったと言うんですか？ 覚せい剤一三〇キロ、大麻二トンという莫大《ばくだい》な薬物を国内に流入させた記録が、情報開示請求などという「表の取材」で公になると、まさか本気で思っているんですか？

「それから」と私たちは言った。

泳がせ捜査にかかわった稲葉圭昭元警部の弁護士たちに、編集局幹部がメールを送り、泳がせ捜査の有無を聞いたことも知っています。でもですよ、アンケート調査じゃあるまいに、メールで回答を求め、その返事がなかったとか、そんな理由で「あの記事に書かれた内容が事実であるとの確証は得られなかった」という結論になるんですか。

どんな調査をやって、どんな理由で「おわび社告」になるんですか。中身を詳しく説明してください。自分たちはいつの間にか被告にされ、被告なのにちゃんとした審理もないまま裁判は終わり、判決理由の朗読もなく、いきなり有罪宣告をされる。そんな気分ですよ。

佐藤記者は「こんなんでおわびを出すなら記者職からはずしてくれ」と詰め寄った。

それに対して新蔵氏は言った。

「君らな、人間に一〇〇パーセントはないんだぞ。あの記事も天地神明に誓って、まったく瑕疵《かし》がないと言いきれるか。言葉の一つひとつ、一言一句、全部正しいと言いきれるか。だから、まかせろ。悪いようにはしない」

そんな言葉がくり返された。

やがて、座は緩んだ。「ここでいくら言ってもしかたないな」と私は思い始めていた。新蔵氏も板ばさみなのだろう。親指の「コレ」にやれと言われてたいへんなのだろう。

夜遅く自宅へ戻った私は、「青しんぶん」と題する労働組合の宣伝ビラに原稿を書き始めた。

北海道新聞の社員は「部次長」以下、ほとんど全員が労働組合の組合員である。組合には誰もが自由に意見を表明できる組織内の宣伝材料として「青しんぶん」があった。

　原稿を仕上げたのは翌日だったと思う。佐藤記者らと連名のビラは、虎ノ門パストラルでの会談の二日後、一月十三日付で発行され、札幌の本社や東京支社だけでなく、組合の組織を通じて各職場にばらまかれた。

「青しんぶん」は、こう書き出している。

「新年が始まったばかりなのに過去を振り返るのは少々気が引ける。しかし『報道機関のありかた』に関する重大な問題を組合員のみなさんに報告したいと思う。昨年は年初に『朝日新聞とNHK』の問題が起き、その後も報道機関をめぐる事件・失態が相次いだ。二〇〇五年ほどメディアのありかたが問われたことは近年なかったかもしれない。その点では北海道新聞も例外ではなかった」

　その後各論が続く。

……取材班は今回の「社内調査」に強い懸念を抱いている。理由は何点かあるが、簡単に言えば、調査結果や内容を「道警に伝える」ことが前提になっていた上、問題のスタートが「道警との関係を正常化したい」だったからだ。

……「取材の経緯や内容を相手に伝えるのは報道機関の自殺行為だ」という主張についても幹部の方々がどう受け止めたのか、よくわからない。

……一連のできごとのあいだに、道警と道新のあいだでどんなやり取りがあったのか、なかったのか、詳しくはわからないが、各社のあいだではきょう一月十三日に道新幹部が道警を訪ね、「最終のすり合わせ」を行うとの情報が飛びかっている。

ビラはB4判で三枚。「青しんぶん」としては異例の長さだった。

各部署に配布されたあと、私の携帯電話には次々と着信があった。知らなかった、こんなことがあったのか、という驚きの声が大半だった。北海道新聞社は社員総数が約一五〇〇人。広い北の大地の過疎化が進む町村から大都会の東京まで、社員はあちこちに散らばっている。社内のできごとがほとんど伝わらない部署もある。

「青しんぶん」に関する反響の声を聞きながらも、私は、編集局長が言った「おわび社告を出して君らを懲戒処分にする」という流れはもう止まるまい、と思っていた。

「青しんぶん」が大量にばらまかれた一月十三日金曜日の夜。

本社編集局の整理部でちょっとした騒ぎが持ち上がっていた。整理部は、報道本部や経済部、文化部といった取材・出稿部門から原稿や写真を受け取り、見出し付けや紙面レイアウトを行うセクションだ。ニュースの価値判断を最終的に決める立場にあり、社内では強い権限を持つ。

その晩、整理部の担当者がコンピュータ画面を見ながら操作していると、突然、画面の一部が操作できなくなった。システム自体にロックがかかったような状態になり、画面上で紙面のレイアウトを行い、原稿を流し込もうと思っても、なぜか一部だけが操作できない。

整理部の一角の騒ぎはさらに広がった。そのうち、思わぬことが起きた。通常は整理部の担当者や整理部デスクの手を通った原稿しか画面で編集できないのに、誰も触っていない原稿がポンと画面に現れたのだ。これが「おわび社告」の原稿だった。

何日かあとになって、整理部のある部員は「誰かが原稿の入ったフロッピー・ディスクを直接、違うフロアーのシステム担当者のところへ持って行き、強制的に紙面に入れたのだと思います」と話してくれた。紙面制作上、あってはならない手続きです、ともつけ加えた。

そのようにして、「おわび社告」は通常の紙面制作の流れを壊し、編集現場の担当者が関与しない形で一月十四日朝刊の紙面に載った。

一面の中ほどに二重の点線罫線《けいせん》で囲まれ、記事は二段。豪雪の模様を伝える記事の下で、「泳がせ捜査」の記事でおわびします、という明朝体の見出しがついていた。

北海道新聞社は昨年三月十三日、朝刊社会面に「覚せい剤一三〇キロ　道内流入?」「道警と函館税関『泳がせ捜査』失敗」などの見出しで、道警と函館税関が二〇〇〇年四月ごろ、「泳がせ捜査」に失敗し、香港から密輸された覚せい剤一三〇キロと大麻二トンを押収できなかった疑いがあるとの記事を掲載しました。

これに対し道警から「記事は事実無根であり、道警の捜査に対する道民の誤解を招く」として訂正と謝罪の要求があり、取材と紙面化の経緯について編集局幹部による調査を行いました。

その結果、この記事は、泳がせ捜査失敗の「疑い」を提示したものであり、道警及び函館税関の「否定」を付記しているとはいえ、記事の書きかたや見出し、裏づけ要素に不十分な点があり、全体として誤った印象を与える不適切な記事と判断しました。関係者と読者の皆さまにご迷惑をおかけしたことをおわびします。北海道新聞社

「詳報」が社会面の一番右側に載っているとはいえ、すべては三九二文字の一面社告が言い尽くしていた。

一年近くが過ぎての、突然の「おわび」。「読者」よりも先に「関係者」という言葉が置かれた「おわび」。

多くの知人から私に連絡が来た。親しい知人は「道警と手打ちしたんだな？　おまえは大丈夫か」と言ってきた。ライバルでもある他紙の記者からは「社長が辞任すると聞いた。本当か」と問い合わせがきた。

そのころ急速に興隆していたインターネットでは、匿名の掲示板「2ちゃんねる」

などに道新をもじって「童心、終了!」といった書き込みが続いた。

社内ではこんな話が広がった。

「あのおわび社告で『話が違うぞ』と怒った人が二人いるらしい。一人は道警の最高幹部。もう一人は菊池社長。二人とも『もっと大きな扱いになるはずだろう。なんでこんなに小さいんだ』と激怒したようだ」

まことしやかなうわさ話であったが、その後、この話には菊池社長が新聞を手にしたときの情景描写までがつけ加わった。

おわび社告については、道警が「これでは納得できない。『泳がせ捜査失敗』の記事そのものを削除せよ」と要求したこともあって、全国紙も大きく報道した。

当日の夕刊には「北海道新聞、『北海道警泳がせ捜査失敗』報道で謝罪」(毎日新聞)、「北海道新聞社がおわび掲載　道警の覚せい剤捜査記事は『不適切』」(読売新聞)といった見出しがあふれた。その後も、「道警は記事の削除を要求している。北海道新聞社はどうするのか」という視点に立った報道が続いた。

裏金報道のときはさほど熱心だったとは思えない全国紙が、「ここぞ」とばかりに北海道新聞に向かってきたように思えた。たとえば、朝日新聞は翌十五日の朝刊北海道面で二一〇〇字を超える大型記事を掲載し、一月二十八日には全国版でも二〇〇〇字を超す記事を載せている。他紙も似たようなものだ。そして、どの記事も道新の

「失敗」を喜んでいるようにしか映らなかった。

細々と築き上げてきたものが、足もとから崩れ落ちていく日々。

身の置き場所がなくなったような、どこかに漂流していくような感覚。

いずれにしろ、「北に道新あり」とまで言われた私の知る北海道新聞は、この日を境に視界から消え去った。

名誉毀損訴訟

――ロンドン、二〇〇六年五月

二〇〇六年二月二十日。月曜日の午後、成田空港からの長距離便は、ロンドンのヒースロー空港に到着した。

入国手続きの担当官は黒人の女性である。

「日本の新聞記者だ。今度ロンドン支局長として三年間、働くことになった」と説明すると、あの書類も出せ、この書類も見せてくれ、と注文する。じっと見つめているパスポートのページには、査証《ビザ》シールが貼ってある。前年の夏、ロンドンでは地下鉄で大規模な爆弾テロがあり、多数の市民が死傷していたから、入国手続きは相当厳密になっているようだった。それにしても、まったく愛想がない。

手続きを終えて外に出て、市内へ向かうバスに乗った。

バス路線沿いの街路は、れんが色の低層階の建物が目立つ。空は潔いほどの快晴だ。社内のごたごたもあって、赴任前は結局、一度も英国を訪問することができなかった。英国自体、足を踏み入れるのはこのときが初めてだった。

私はその後、一〇日間ほどホテル暮らしを続けながら、これから始まる仕事へ向け準備を進めた。種々の手続きから住宅探しまで、雑用はごまんとある。

前任者からの引き継ぎを終えて支局の書類を整理していたら、書棚の最下段に放置されている、過去の支局長たちが残した資料の山に気づいた。

どう考えても不要な書類の数々。紛争地への取材に出向いた際の取材資料や英国紙の切り抜き、古い雑誌などの山。その中に報道本部長の早坂実氏が使っていた取材ノートやスクラップ帳があった。

「泳がせ捜査失敗」の記事をめぐり、前年の十一月、本社二階のインタビュールームで向き合った早坂氏。彼もかつてロンドン特派員だった。一九九四年から約三年間、英国内や欧州を駆けずり回っている。私が本社の社会部で警察担当だったころの話だ。早坂氏は警察担当の大先輩でもあり、夜勤中は暇を見つけては英文雑誌を熱心に読みふけっていたという逸話も残っていた。

　ロンドン支局に残されていたノートは、早坂氏が北アイルランドを現地取材したときの記録らしい。英文と日本文が混在し、一部は判読不能だった。早坂氏自身が手がけた連載記事「北アイルランド　綱渡りの和平」という北海道新聞の切り抜きもあった。

　北アイルランドではプロテスタント勢力とカトリック勢力が一九六〇年から激しい武装闘争を続け、両勢力による爆弾テロが頻発した。面積は北海道の二割足らず、人口は約一六〇万人。その小さな土地で約四〇年間に死者三七〇〇人、負傷者約二万五〇〇〇人が出た。

　早坂氏の連載から一三年後の二〇〇七年四月、私も連載記事を書くため北アイルランドに足を踏み入れた。

首都ベルファストには、両勢力の居住区を仕切る「平和の壁」という名の、高さ数メートルのコンクリート塀がうねうねと住宅街を走っている。一つひとつの「壁」は全長数キロ。それが全部で三五もある。紛争が収まったあとも、壁は年々少しずつ伸びていったという。

住宅街を分断する壁は、ぶ厚く、高く、よじ登って乗り越えることは、とてもできそうにない。

ベルファストでは何人かの元活動家に会った。その一人、プロテスタント武装勢力の一員として銃を握っていたノエル・ラージ氏は五〇歳だった。二〇代のとき、「敵」だったカトリック系住民を射殺し、一六年間服役した経験を持つ。

ラージ氏は仕事場で「いったい何のための争いだったたか」と私に語った。柔和な顔、たんたんとした語り口。二〇年以上も前のこととはいえ、とてもテロリストだったとは思えない。

「自分だけが正しい、と。あのころは互いにそう信じていました。双方の住民は自分たちの武闘を支持し、盲信していました。当時はだれも自省や自制などしなかった。男なら武器を持って戦う。それが当然だ、と。私も疑ったことはありません」

長い服役を終えて社会に戻ると、世の中の全体が見えてきた。人々は主義主張だけでは生きられない。その日を懸命に生きる人々が大勢いるという、きわめて当たり前のことにやっと気づいた。

「両勢力は同じ街に住みながら四〇年間も互いに孤立し、相手がどんなによい人物かを知ろうともしなかったんです。向き合ってちゃんと話をする。そんな簡単なことすら、できなかった。やつらは許せない、皆殺しだと息巻く人はいまもいます。和解は容易ではありません。でも、本気で争いを望んでいる人もいない」

私のこの連載は「紛争と和解」というタイトルだった。

武力紛争は戦端を開くよりも休止が難しい。休止から和解、融和へのプロセスはもっと難しい。そんなことを考えながら、このタイトルを選んだ。

そして同じように、ロンドン赴任中、私と会社幹部との壁はますます高くなり、和解への道筋はなかなか見通せなかった。

ロンドンへ出発する一か月ほど前の朝刊に「泳がせ捜査失敗」記事に関するおわび社告が出ると、私や佐藤一記者は譴責《けんせき》の懲戒処分の内示を受けた。編集局長らもそれぞれに処分された。

処分の社内向けの説明が行われた一月下旬、私は東京支社で社内専用回線を通じて流れてくる新蔵博雅編集局長の声を聞いた。

内容は記録していない。ただ、当たり障りのない経過説明に続いて、新蔵氏は「これをもってふたたび一致団結してほしい。いざこざはもうおしまいにしよう」といった趣旨のことを強調していた記憶がある。

懲戒処分の内示が出たあと、私と佐藤記者はしばらく、労働組合を通じて処分の受け入れを拒んでいた。

北海道新聞社では「懲戒処分も人事案件の範疇《はんちゅう》だから労働組合の同意がなければ発効しない」というしくみになっている。労組委員長は「おまえたちが納得できないなら組合はつき合うぞ」と言い、私たちも「納得できません。突っぱねてください」とお願いしていた。

やがて、編集局長の新蔵氏が東京へやってきた。東京支社に隣接するJT本社ビルの一階カフェ。そこで私と向き合い、「頼むから懲戒処分を受けてくれ」と言う。

「おれはもう役員会で懲戒案件を報告済みなんだ。役員会で『やる』と言明したことをできなかったら、おれが責任を問われて、おれのクビが飛ぶ。まあ、おれのクビはどうでもいいが、そうなったら、編集局は真っ二つだぞ。おれは君たちを守ったんだ。社内には正直、もっと厳しくのぞむべし、という声もあった。それはひどいもんだ。だがな、おれは守ったんだぞ」

「処分を受けろ。譴責だぞ。減給でも何でもない。処分されても、裏金報道の価値全体が傷つくわけじゃない。あの大仕事の価値は永遠だ。北海道新聞の歴史、日本のジャーナリズムの歴史、そこにちゃんと残る。いいか、高田君、和解しよう。これは社内の和解だ。融和だ。処分を呑《の》んでくれ。それで一連の嫌なできごとを忘れ、また前に向かって邁進《まいしん》しよう。な、高田君」

先日は確かに、新蔵氏自身がマイクを握り全社に向かって「これで終わりにしよう」と明言した。それに、常務取締役編集局長という立場の人が、管理職でもない平社員に頭を下げている。

本当にこれで終わるなら、本当にこれで取材活動に専念できるなら――。

そんなことを佐藤記者と話し合い、数日後、二人そろって処分の受け入れを決めた。対外的な発表は、二月七日である。

甲84号証の記録によると、編集局幹部と元道警総務部長だった佐々木友善氏との秘密交渉は、「おわび社告」が出たあとからふたたび活発になっている。

まず、一月十七日。佐々木氏は報道本部長の早坂実氏に電話した。おわび社告から三日後のことだ。そして、こう言った。

「この前の十四日の（おわび社告の）記事を見ましたけどね、あれは謝っているとはまったく思えない」

「去年の十一月から待ってくれの連続で、記者会見二回も中止しているんですよ……ちょっとひどすぎるのではないですか……今回の（おわび社告の）記事にしても、いろんな事情があって、ああいう（謝ったとは思えない）記事にならざるを得なかったいろんな事情があるのだろうと……ただ形からすると、（私への）裏切りだよ」

二日後の一月十九日。佐々木氏は道警キャップと会った。そこでも佐々木氏は言った。

「（十七日に）早坂氏と三〇分くらい話して、あの（おわび社告の）記事はなんだと。ふざけてるんじゃないかと、何も謝っていないじゃないと。裏切られた。（早坂氏を）信頼はしている、まだ。だけど裏切られた。これ以上あれだったら、信頼もはずれてくる、という感じのことまで言ったんだ。厳しいことを言ったんだ」

「もう一つ。早坂氏にきっちり言ってほしい。直接本人に言いたかったけれど、俺に話をしたら（外部に情報が）抜ける恐れがあると。こういうことを言った。許されない話だ。あんたに話したら抜けるかもしれないから、話できないなんて、何なんだ。おれが当事者だろう。第三者ならいいよ。訴えられている相手方にその言葉はあるのか、ふざけるなと」

この場で道警キャップは、自分もあの社告には不満がある、何も詫《わ》びていないと思う、と応じた。

でも、北海道新聞社が組織として詫びるところまでは持ってきた、シナリオを描いて、その時々でシナリオを変えながら、思った通り運んできた、と。

この日の面談は一時間半。その間、佐々木氏はよくしゃべった。

「道新がきちっと動かないのであれば、そろそろあれだなと。訴訟についても踏み込まなきゃならんなという腹は、今回の謝罪記事を見て、固まりつつある。ただし、こういうことですよ。それは最後の手段である。いまあなたがたが、一生懸命やってる、良織派の人たちが一生懸命やってる。そのことでけりをつけるのが一番いいことだ」

「おれ、言ってるしょ。正常な道新に、自らが自立して、初めて正常な道新になるはずなんだと。意識を変える。その苦しみを味わった者が、この道新を背負っていかなかったらダメなんです……苦しみもがきながら解決した人が道新の柱になって、初めて本当の新生道新になるんですよ。わかる？……新蔵さんなら新蔵さんが社長になって、それから早坂さんが上に昇って、新蔵さんが退いたら早坂さんが社長になる。それくらいの流れにならないとダメなんだ。それからあなた、編集局長になるんだよ」

二月初旬、佐々木氏は何度か道警キャップと会い、濃密な話し合いを続けている。甲84号証の記録も克明だ。佐々木氏は同じような内容のことを何度もくり返している。

「（ねつ造記事を書かれたと怒っている別の元道警幹部が）最後に怒ったときに、刑事告訴することが出てくるわけですよ……（この水面下の交渉で）きちんとした結論出しておかないと、刑事告訴で高田が逮捕されるだろうから」

「ああいうの（高田や佐藤記者）がね、道新の中にがん細胞として残ったら、さっき言ったように、道新は依然として世の中に害を及ぼす恐れのある存在になるから。おれのやってる意味がなくなる。世のため人のためにやってる意味がなくなる」

早坂氏のことは見限った、社内での力がない、と佐々木氏が突き放す場面もあった。

「一月十四日の謝罪記事を見て、早坂さんの限界を知ったから。早坂さんはあんな記事で満足するつもりはなかったんだろうけど、（詫びかたが足りないおわび記事に）されちゃったわけですよ。おれはそう見た……あそこまで私と話をしておきながら、あんな結果で終わらせたということはね、早坂さんは頑張ってはみたものの、最終的なことをやれる人ではない……だからおれ、（交渉相手を）社長一人にしぼった」

一方の道警キャップはどうだったか。社内の情報を伝えると同時に、時折、感情的になった様子もうかがえる。発言はこうだ。

「彼ら（裏金取材班の記者）はそれだけのことをやっちゃったんだと。自業自得、報いを受けなあかんこともあるでしょって思いで私はやってきた。ところが当の本人たちは……さも自分らが絶対正しいんだみたいな感じで論理展開してる話が、ちらちら聞こえてくる……あいつら何を考えてるんだ、この野郎ってね……これ正直（な）気持ち。おまえらふざけんなよ、この野郎って。おまえら地獄に落ちろって」

佐藤記者の後任の道警キャップであるこの記者は、一連の問題が発生して以降、私に面と向かって何かを言ってきたことは一度もなかった。ただの一度も、である。その陰で、「地獄に落ちろ」とまで言う。

何がこの後輩記者をそこまでの心情にいたらせたのだろうか。

ずいぶんあとになって、彼の言動について、北海道新聞社の先輩と話し合ったことがある。先輩はこんなことを言った。

高田も知っての通り、あいつは基本的にはいいやつだ。おまえも社会部の記者時代、一緒の部にいたそうだから、わかるだろ？　でも、大きな流れの中では、あんなことを言ってしまうんだ。組織は右へ左へ、ざーっ、ざーっと動く。その時々で人は大きな流れに身を寄せる。そういうもんだ。だから、おまえ、許してやれ。あいつを許してやれ。

私は言った。

「許すも何も、彼は私に面と向かって何かを言ってきたことがない。一度も何も言って来ない、言いたいことがあれば、堂々と自分から言ってくればいいじゃないですか。こっちから出向く義理と道理はありません。こっちから声をかける筋合いじゃない」

だから、おい、高田、と先輩は言う。

札幌のどこかの居酒屋だった。先輩はむちゃくちゃアルコールに強い。その晩もずいぶん酔っていた。「おい、高田」と言うときは怒ったような口ぶりだ。

だから、おい、高田、許してやれ。甲84号証な、あれは確かにひどい。男のやることじゃない。あんなことがあったら、ふつうは殴りたくなる。俺なら呼び出して殴る。おまえも一発殴って、それで許してやれ。あいつも苦しいんだぞ、きっと。だから高田、あいつが来ないなら、おまえから行け。度量を見せてやれ。許してやると、おまえから言いに行け。


二月十四日になった。

この日午後二時、編集局長の新蔵博雅氏は部下の早坂実氏を伴い、初めて佐々木氏と向き合った。場所は札幌グランドホテル。北海道新聞社の本社からも道警本部からも、ともに徒歩数分の距離にある。三人が顔をそろえた一七階のスカイ・バンケットルーム「曙の間《あけぼのま》」からは、雪景色の札幌が広々と見渡せたはずだ。

ちょうどその日、私はロンドン赴任へ向けて最後の荷づくりを進めていた。国内の倉庫へ残す大型家具が業者の手によって梱包《こんぽう》され、次々と運び出されて行く。遅れ気味とはいえ、夕方には自宅が空っぽになる段取りだった。

「はじめまして、編集局長の新蔵でございます」

「どうも、佐々木です」

「お運びいただきまして（ありがとうございます）」

三時間一五分に及ぶ話し合いはこうして始まった。佐々木氏はいつものように密《ひそ》かに録音機を回している。北海道新聞社の出席者はそれに気づいていない。

佐々木氏は冒頭、この交渉をいつまでも水面下のものにしておくことはできない、だから編集局長の新蔵さんは、きょうは責任を持って発言してもらいたいと求めた。

そして強調した。自分は弱者なんだ、と。

「(北海道新聞のことを)戦艦大和と言いましたけどね、私が小川から流れてきた笹舟だと。そうすると、戦艦大和のスクリューが回ろうかとするくらいで、もうこっちはひっくり返っちゃうんですよ」

佐々木氏は、北海道新聞の対応次第では一連の秘密交渉を公にすると言った。書籍二冊の記述で名誉を傷つけられたのに、いま現在、まったく謝罪がない、一年四か月も前から調査と謝罪を求めているんだぞ、自分に関する社内調査はいったいどうなっているのか、と迫っていく。

新蔵氏も、時間の経過とともに言葉数が増えてきた。そして佐々木氏に対し、こう切り返した。

「いいですか。たとえば(記者に事情を聴くにしても)道警が取り調べるようにとか、そういうふうにはならない。われわれも新聞記者を長くやってますから、取材記者(裏金取材班)がその場(社内聴取の場)を取りつくろって適当なこと言ってるかどうか、ある程度は(わかる)……感触というのは持ち得ると思ってるんです」

佐々木氏も黙っていない。

「新蔵さんね、いいですか。どの程度に考えているかわかりませんがね、私は警察官生活四二年をやって退職したわけですよ。警察官が人生なわけですよ。皆さんも道新が人生だと思いますが。わかると思いますけれどもね。それを四二年間積み上げてきて、恵まれたか運がよかったかも含めて、地元でトップというポストに就くことができて、そこで退職したわけですよ……（不正）経理問題でいろいろな状況があった。そういう中で私の言っていることがこうだったということを、退職したその年に（書籍二冊に）書かれて……私が退職した締めくくりの、要するに舞台から降り立ったところでやられたっていうことは、これがどれだけの不名誉であるか」

裏金問題は、佐々木氏が定年退職を迎える四か月ほど前に発覚した。そして最終的に道警は組織的な裏金づくりを認め、幹部は全員、裏金の存在を知っていたと認定された。

裏金づくりの中心は、本部の各課次席、警察署の副署長といったポストだ。佐々木氏はそのいずれをも経験して最高位に上り詰めたが、北海道議会や住民監査請求といった公の場では「裏金はない」と言い続けた。報道する立場からすれば、組織的な裏金づくりを隠し通そうとした人物に映る。

「道警というのは」と佐々木氏は話を続けた。

「道警は（不正）経理問題で指摘をされて最初はそういうことはないと否定しておりましたよね。しかしその先で（裏金は）あったということになりましたよね。それで、きちんと自らも調査をし、さまざまな関係機関とも対応して、（裏金は）あったということを認めて、謝罪をして、そして返還をしているわけですよ……これはまさに是々非々の態度だと思うんですよ」

　書籍二冊の記述がねつ造でないと言うなら、何月何日何時ごろのできごとかを具体的に示せ、私が納得できる取材源を示せ。私は被害者であり、私は当事者だ。その私が調査と謝罪を求めている。北海道新聞はその存在が社会の害悪になる可能性がある、北海道新聞を正さないといけない、それが私の社会に対する責務だ……。

　佐々木氏の弁は止まない。佐々木氏は北海道新聞社側に送った文書の中で、私のことを「容疑者」と呼んだことがある。私のロンドン行きを指して、容疑者を国外逃亡させるのか、と書いてきたこともある。この日も新蔵氏らを前に「（高田は）容疑者」と言った。

「疑いがあれば容疑者ですよ。名誉毀《き》損《そん》すれば名誉毀損罪ですよ。刑法にも触れるんですよ」

　甲84号証に残された一連の交渉記録は、あくまで佐々木氏側の記録であり、裁判の被告北海道新聞社側は「証拠能力はない」と強く反発していた。隠し録音という行為は「手段や方法、目的、態様において重大な違法性」がある上、「佐々木氏は提訴後をにらみ、自己に有利な証拠を作出するために意図的に騙《だま》し録《ど》りした」と主張した。道新関係者の人格権を無視し、欺罔《ぎもう》的、誘導的に、時には甘言《かんげん》を弄《ろう》してつくられたものだ、と。

もっとも、道新側も裏交渉の存在そのものを否定しているわけではないが。

九日後。両者はふたたび相まみえた。二月二十三日のことだ。新蔵氏には報道本部長の早坂氏がつき添っている。場所は同じ札幌グランドホテルの一七階。部屋は前回の「曙の間」から「旭《あさひ》の間」に変わっていた。

佐々木氏はこのときも、書籍の記述はねつ造だ、ねつ造でないならそれを証明しろと再三迫った。取材源の秘匿を理由にするなら筋違いだ、取材源の秘匿を持ち出すのなら誰もが納得できる形でなければならない、とも言った。

佐々木氏が謝罪を要求する書籍の記述は三点あった。最大のポイントは、「佐々木氏が道警本部長から叱責《しっせき》されたかどうか」という記述について、である。

二〇〇三年十二月十二日、取材班は「報償費疑惑『調査と答弁しないで』道警幹部が道に要請」という記事を夕刊社会面のトップで報じた。

ここに登場する「道警幹部」とは道警ナンバー・ツーの要職、総務部長の佐々木氏を指す。このときはまだ現職であった。裏金追及が始まって二週間あまりの時期ながら、「北海道警察VS北海道新聞」の構図はすでにできあがっていた。

この記事は何を伝えているのか。

当時は北海道議会の十二月定例議会が開催中で、議場でも裏金問題が何度か取り上げられていた。その最中《さなか》、佐々木氏は複数の道庁幹部に対し、『『裏金問題を調査する』と知事に議会で答弁させないでほしい」と依頼したのである。知事が「調査する」と言えば、大事になりかねない。要は裏金を隠すための工作である。

佐々木氏は道庁幹部と電話で話したこと自体は認めたが、「そんな依頼はしていない」と事実関係は否定した。そのため、紙面では佐々木氏の否定コメントも掲載している。

問題は、この記事の「その後」である。

佐々木氏の対道庁工作は、いわば表に出てはいけない内密のものだった。それが取材班の調査報道で暴かれたため、佐々木氏は上司である芦刈勝治・北海道警察本部長から叱責された。取材班は叱責の事実を複数の内部関係者から確認している。

ただ、「上司が部下を叱った」程度のことだったため、新聞記事にはせず、講談社文庫の『追及・北海道警「裏金」疑惑』（講談社）など、のちに刊行した書籍二冊の中にエピソードとして数行挿入したのである。

それに対し、佐々木氏は「叱責の事実はない」として猛然と抗議してきた。「対道庁工作」そのものは、のちの民事訴訟でも争点としていない。ひたすら「叱責の事実はないにもかかわらず、叱られたと書かれてしまった。任務をちゃんと遂行できない、能力のない幹部だと思われ、社会的な信用を落とした。名誉毀損だ」という趣旨のことを言い続けたのである。

言い換えれば、対道庁の秘密工作を露見することなく遂行する、つまり裏金隠しを立派にやり遂げることこそが、佐々木氏のものさしでは「仕事ができる幹部」という解釈もできる。そこには「組織のため」という内輪の理論はあっても、「市民のための警察」という発想はない。

編集局長の新蔵氏と二度目に向かい合った二月二十三日も、佐々木氏は「叱責に関する記述」に関連し、書いた根拠を示せ、情報源を示せ、とさかんに迫っていた。

われわれの取材では、佐々木氏が叱責されたのは道警本部庁舎内でのことだ。場所は、本部長と総務部長という、警察組織の最高幹部が集まる「組織の中枢部」周辺である。

叱責された場面は複数の道警関係者が見聞きしていたし、取材班への情報提供もそこから行われた。そして彼ら彼女らは、本筋の裏金問題に関する情報源でもあった。一連の裏金取材において取材班は道警内外の各層にたくさんの情報源を持ち、継続的に情報を得ていた。そうでなければ、一年以上にも及ぶ調査報道が続くはずがない。「叱責の事実」を見聞きした彼ら彼女らもそうした人物だった。佐々木氏のごく身近にも北海道新聞の協力者はいたのである。

だからではないか、と私や佐藤記者はずっと考えていた。

佐々木氏が北海道新聞社との裏交渉において「情報源を示せ」とさかんに求めたのは、OBを含めて鉄の団結を誇る警察が「組織の裏切り者」を探しているからではないか。新聞社への情報提供者を突きとめて警察組織から切り落とすためではないか。秘密交渉のねらいの一つはそれだったのではないか、と。

甲84号証をあらためて丹念に読み返すと、そうした考えはさらに強まった。

編集局長の新蔵氏と佐々木氏の二度目の会談は二時間半に及んでいる。

佐々木氏はこう迫った。

どこの組織でも仕事をやるにあたって、やっていいことと悪いことがあって、やってはいけないこともやってしまう人がいる。世の常で。それなのに「究極は現場の記者を信じるしかない」という（編集局長である新蔵氏の）言いかた、組織の長としても、私の抗議の事実関係の究明にあたる立場としても、それはいかがなものか……。

こうした発言を続ける佐々木氏に対し、新蔵氏は「取材の細かな内容は言えない」

と反論を続けた。同時に、提訴を思いとどまるように要請も続けた。裁判になったら何年もかかる、お互いの負担は計り知れない、泥仕合になるだけだ、それよりも話し合いで納得してもらいたい、と。

依然として佐々木氏は、「北海道新聞はおごり高ぶっている」と批判を続けていた。

そのときである。それまであまり話さなかった報道本部長の早坂氏が「公式顧問ということで」と切り出し、佐々木氏に北海道新聞の顧問になってもらいたいと告げた。

「公式にときどきご意見を」と編集局長の新蔵氏も続ける。

「読者（として）の」と早坂氏。

「ご意見を」と新蔵氏。

まるであらかじめ決められていたかのように、二人の言葉が重なり合うようにつながっている。

当の佐々木氏はこのとき、「私を（社外の委員で構成され、紙面審査などを行う）読者と道新委員会の委員にしたらいいじゃないですか」と応じている。

このくだりについて、のちに新蔵氏は「なかば冗談だ。佐々木さんに向かって本気で北海道新聞の顧問になってくれと頼むわけはないだろう」と釈明した。

提訴を回避してもらいたいという新聞社、自分は被害者だから謝罪しなさいと言い続ける佐々木氏。

面談は結局、もの別れに終わった。

三月に入って、水面下の交渉はいよいよ佳境《かきょう》に差しかかっていた。

甲84号証の三月十六日の記録には、こんな記述がある。

この日の夕方、報道本部次長である警察担当デスク、道警キャップらが本社の編集局長室に乗り込み、編集局長の新蔵氏に談判したという。「泳がせ捜査失敗」の記事をねつ造と認めないのか、認めないのなら道警記者クラブの担当記者を全員引き上げさせるぞ、と。

この警察担当デスクはわずか二週間ほど前の人事で、その席についたばかりだった。現場記者の時代から道警担当が長く、東京社会部に勤務していたときは警察庁も担当していた。「生粋《きっすい》の警察記者」と言ってよい。

三月二十三日にはこんな記録もある。

道警キャップはこの日、編集局長の新蔵氏に対して「泳がせ捜査失敗」の記事はねつ造だったと道警に正式に回答しろと迫った、と。

「(高田ら)ねつ造記者とわれわれまじめにやっている記者のどっちを取るのか、どっちなんだ。ねつ造記者を取るというのなら我々のクビを切れ、どこへでも飛ばせ」

そんな啖呵《たんか》を切ったと、道警キャップ自ら佐々木氏に伝えたのである。

このころ北海道警察は北海道新聞社に対して「おわび社告は十分ではない、泳がせ捜査がなかったのだから、それを報じたもとの記事を取り消せ」と公式に求めていた。新聞社の現場記者が道警とまったく同じ主張を編集局長に迫ったわけだ。

三月二十八日になると、警察担当デスクが佐々木氏のもとを訪れた。

このデスクが佐々木氏の面談相手として甲84号証に登場するのは、この日が初めてである。彼が道警担当の記者だった時代、佐々木氏は広報課長だった。この面談でデスクは、このようなことを伝えた。

……自分が警察担当デスクになって「泳がせ捜査失敗」の記事を検証したら、必要な裏づけを取っていない。佐々木さんに関する書籍の記述だって同じようなものだ。会社の幹部が政治部出身の者ばかりになってしまい、社会面の怖さを知らない。裁判をやるなら四月中にやってほしい。いまの編集局幹部は自分たちの責任を問われることになるから、高田や佐藤を切ることができないのだ。北海道新聞は以前に北海道庁の裏金問題で新聞協会賞を取ってから間があいたので、どうしても協会賞がほしくて高田たちを暴走させた。高田は天皇になっていた。日々の当番制の編集局長代理も紙面づくりの際は高田には負けた……。

そして「どのみち（提訴するなら）早くやって」とデスクは相手に頼んでいる。そうしないと、この問題に責任を持つ幹部が（人事異動などで）いなくなる、と。上の人間は逃げてばかり、このままでは会社は滅びる、と。

翌三月二十九日の夕方には、道警キャップが時間にして一〇分間だけ佐々木氏と面談した。「お願いに来た」と彼は切り出している。

会社の上層部はまったくダメだから、裁判をやってぶっ飛ばしてほしい。高田をロンドンから引き戻してやっつけてほしい。新聞協会賞も返せばいい。提訴は早いほど効果が高い。警察担当デスクも裁判になれば佐々木さんに負担がかかることを心配しているが（われわれは佐々木さんの力になることを）考えるので（提訴を）頼む……。

このときの面談の様子について、佐々木氏は「二人は別れ際、固い握手をかわした」と甲84号証に記している。

記録によれば、佐々木氏は二〇歳以上も年下のキャップと握手しながらこう言った。

「道新は生まれ変わる必要がある。出直す必要がある。あなたたちの考えは大事だ。必ず（私は）力になる」

佐々木氏は警察官時代、警備公安畑を長く歩んできた。

一般論で言うと、公安警察にとって水面下の捜査や情報収集はお手のものだ。過激派や共産党、労働組合といった捜査・監視対象の組織に対しては「スパイ」「警察への協力者」を送り込んだり、養成したりしながら、組織の中枢部から情報を取ろうとする。ときには偽りの情報を流したり、組織をかく乱させたりもする。違法な捜査手法が露見し、厳しい批判を浴びたことも少なくない。

北海道新聞と佐々木氏、道警との交渉がいわゆる公安警察のやりかたに沿ったものだったかのかどうか、それは私には判断できない。ただ、甲84号証を何度も読み返していると、ある語句が浮かんでくる。

「赤子の手をひねるように」という言葉である。

新しい年度に入った二〇〇六年四月、北海道新聞社では新人記者たちの研修が続いていた。新人記者は毎年数人。二〇日ほどの研修を経たのち、それぞれの報道現場へ放り込まれる。

警察取材の研修もメニューに盛り込まれている。もっとも、それは二時間ほどの座学でしかなく、教える側も「事件報道では人権に配慮しましょう」といった程度のことしか伝えることができない。

事件に限らず、世の中ではいつ何時、何が起きるかわからない。だから、現場で取材を続けながら「警察取材とは何か」「報道の役割とは何か」「権力とはどう対峙《たいじ》するのか」を学ぶしかない。

北海道新聞社でそうした新人研修が続いていた四月十日。

編集局長の新蔵氏、報道本部長の早坂氏は三たび、佐々木氏と向き合った。場所は前の二度と同じ札幌グランドホテルの一七階である。

四月上旬ともなると、冬の長い北海道もさすがに春めいてくる。初回の面談のときに一望できた雪景色の札幌は、このころ、すでに色合いを変えていたはずだ。

佐々木氏はこの日も、次から次へと言葉をくり出した。

書籍の記述についても社内調査したと言うが、その調査委員会のメンバーは私のところへ来ていない。道警本部長の芦刈勝治さんに叱られたと書いてあるが、北海道新聞は芦刈さんのところにも調査は行っていない。そんなものは調査ではない、私が「なるほど」と納得できる調査結果を出しなさい……。

「なるほど」と思う材料とは、端的に言えばニュースソースである。

新蔵氏は「自分は記者を信じている。情報源は示せない」「裁判は不毛だ。話し合いで決着をつけましょう」と言い続けたが、佐々木氏はまったくひるまない。

夕方四時から始まった会談は夜七時前、ようやく終わった。互いが言いつのるばかりで、何も決まらず、何も進展はなかった。

四月十九日。

執務室へやってきた道警キャップに向かい、佐々木氏は、裁判を起こすつもりだ、と強調した。

「司法の場でやる。それがあなたやデスクの言ってるやつに沿うことだ」

甲84号証の最後の記録は四月二十七日である。この日は木曜日だった。午前一〇時。札幌グランドホテルの一階喫茶室で佐々木氏と報道本部長の早坂氏が二人だけでテーブルを囲んだ。編集局長の新蔵氏はいない。

この喫茶室はソファがゆったりと低い。たとえ内緒話であっても、少し大きめの声を出すか、身を乗り出すようにしなければ相手に声は届かない。

佐々木氏は「あす東京へ行く」と言う。そしてこう続けた。

……訴訟の最終準備のため、東京へ行き、元道警本部長の芦刈勝治氏と最後の調整をする。この間、早坂氏ら「社内の少数派」を信じて交渉してきたが、少数派は負けたんだ、会社の上層部にねじ伏せられたんだ。

こんな北海道新聞のままでいくと、やがて高田がロンドンから帰ってきて、そして佐藤一記者も、つまりねつ造を書いた人間が年月を経て幹部になっていく。そういう会社でいいのか。

ねつ造記者が報道本部長になり、編集局長になるかわかりませんが、そういうふうになっていくと言うことは、まったく困ったものですよ。その被害者は道民なんですよ。そのへんが俺は許せない。せっかく早坂さんがいいことをやってくれても、早坂さんをねじ伏せた編集局長や社長がいる。そういう人たちに反省してもらう必要があ早坂さんも言うように、社内調査では白黒つかんと言うわけでしょ？　それなら刑事事件として捜査するほうが決着をつけやすい。だから取り調べればいいんだ、ビシビシ。そして真実出せばいいんだ。

この日の記録では、早坂氏が道警本部の現職広報課長とも連絡を取り合っていること、そして一連の交渉は菊池育夫社長にも報告が上がっていることなどを明かしている。

面談の後半、早坂氏はこう切り出した。

佐々木さんの提訴方針が避けられないのであれば、事前に北海道新聞がどこまで負けるかを決めておく「出来レース裁判をやりましょう」と。

甲84号証の記録や、北海道新聞社が裁判中に作成した録音テープの反訳などから再現すると、そのやり取りはこう始まっている。

「(佐々木さんは書籍二冊には)四つの事実違反、事実でない部分があるって言ってますよね。このうちA、B、Cは事実で、Dは違うと、これでは納得できないでしょ、やっぱり」

「難しい部分だな」

「あるいは二対二でもいいですよ。そういうふうになったら全部否定するのか、全部認めるのか、一部認めるのかって三択しかないですよ。それで納得できるのか……たとえば、ぶっちゃけた話、一部事実については誤りがありましたという文書を（提訴の前に密《ひそ》かに）つくったときに（佐々木さんがそれをどこまで）認めるのかどうかですけどね」

そうするとあれかい、と佐々木氏。

双方で話をつけておいて調停に入るってことかい？

「そうそうそう……話つけといて裁判だけやって、調停すぐやっちゃう、調停っていうか和解案をやる、裁判所を入れて。あるいは裁判所を入れなくてもできるわけでしょ。形だけ、裁判をやって、お互いは、はっきり言えば和解しちゃうと」

早坂氏の話は続く。

「裁判は形の上では主張するけど、基本的には和解しかないわけですから、そういう話し合いをするんですよ……いついつ提訴すると、提訴の内容はこうだと、わかった、じゃここまでやってこのあたりで和解しましょって、弁護士どうしでやらせればいいでしょ。どうですか」

どこで北海道新聞が負けるかを事前に決めておく。提訴はするけれども法廷外で協議を続け、和解して提訴を取り下げる。そういう計画の提案である。

「変な話ですけど、出来レースですよ」と早坂氏は言いきった。

その後、早坂氏は提訴のときは北海道新聞社だけを相手にするよう依頼し、次のような趣旨のことを語っている。

被告を株式会社北海道新聞社だけにしないと、出来レース裁判ができない。せっかく訴えても高田と佐藤一を個人被告にすると、あいつらは抵抗する。そうさせないために高田をロンドンにやったんだ。裁判になっても、書籍の刊行元である講談社と旬報社は北海道新聞社の判断に従うしかない。問題はあいつら二人なんです。

午前一〇時に始まった密談は、一時間半が過ぎた。札幌グランドホテルの一階カフェから見える街路には、そろそろビジネスマンやOLたちが昼休みのために大挙して出てこようかという時間帯だ。

密談の最後、早坂氏は念押しするかのように語った。

「裁判やるんで、（佐々木さんが）提訴して（北海道新聞が）受けると。（裁判では）やっぱりうちも主張する、弁護士も主張すると、その中で一定の時期が来たら和解するということを目指して、そういうことをお互いが（事前に）合意すると。だから全面的な戦争ではない。限定的な一定のルールのもとでの、これは出来レースをするということですから」

この後、二人は五月一日のメーデーの日にふたたび会う約束をした。午後四時に、と。

しかし、そのときの記録は裁判所に提出されていない。編集局長の新蔵氏もさらに一回、佐々木氏と面談しているはずだが、その記録もない。

もとより、甲84号証は佐々木氏側の記録である。隠し録音だったとはいえ、中にはメモしか残っていないものもある。道新側は「テープ起こしの内容が正確ではない。ニュアンスの違う部分もある」と反論している。

また、自らに不都合な内容があれば、佐々木氏が秘匿している可能性もゼロではない。あるいは、まったく別の何らかの理由で、表に出していない記録があるかもしれない。たとえば、互いが「あの記録はまだ出さずにいるよ」「そうか、あの記録だけは出さずにおいてくれているんだな」と、すぐに理解できるような記録が。

裁判を「出来レースでやろう」という交渉が、その後どういう経緯をたどったかは不明である。

五月二十五日になって佐々木氏は北海道新聞側に「出来レース」裁判を断ると伝えている。それが形だけのものだったか、出来レースそのものがご破算になったのか、それはわからない。

五月三十一日、佐々木氏はとうとう訴状を札幌地裁へ提出した。

そして午後二時半から、札幌地検などが入居する合同庁舎内一階の司法記者クラブで提訴の記者会見を開いた。

この記者クラブは一九九〇年代のなかば、私も北海道新聞の司法キャップとして通い詰めた場所だ。当時は各メディアの記者と協議して、「少しでも開かれた記者クラブを」と札幌刑務所長に刑場の公開を求めたり、雑誌やフリーの記者も記者会見に参加できるしくみをつくろうとしたり、あれこれと実験的な試みを手がけていた。だから、記者室のどこにどんな備品や資料が置いてあるか、いまもすみずみまで記憶している。

佐々木氏は提訴会見の三か月ほど前にも一度、札幌市内のホテルで記者会見を開いたことがある。会見の趣旨について、そのときの佐々木氏はこう述べている。

「北海道新聞社がねつ造である『泳がせ記事失敗』について、ねつ造の社内報告の記事でねつ造を否定した疑いが強いということを明らかにするものでございます。つまり泳がせ捜査失敗の記事はねつ造であって、道新はそれを指摘されますと、今度は偽装したねつ造の調査報告記事でそれを否定したということであります」

ただ、このときの会見は、佐々木氏にすれば失敗だったかもしれない。

出席者が作成した質疑応答のメモによると、会見は一時間に及び、三〇人ほど集まった記者からは「会見の趣旨がわからない」「一個人として北海道新聞に抗議しているのか、道警元幹部としてか」「何を伝えたいんですか。非常にわかりづらい」といった質問が何度も飛んだ。

――泳がせ捜査がなかったと佐々木さんが言いきる根拠は、その関連の公文書が道警にないからだと？

「はい」

――佐々木さんが在職中に裏金がないと言いきったことについては？

「さまざまな対応を道警がされて出された結論ですから差し控えます」

――組織として泳がせ捜査がなかったと結論づけているから泳がせはなかったと言うのなら、裏金だって最初、道警は「ない」と言い張ったでしょう。泳がせ捜査がなかったと言いきる理由をもう一度。

「警察庁長官（が国会での質問に対し否定したとき）の答えとか」

――組織が「ない」と言ったら、「ない」ということか。

「はい」

一方、五月三十一日の提訴会見は、前回の記者会見とは違い、質問が矢継ぎ早に飛ぶ、ということはなかった。雑誌やフリー記者も参加できたホテルでの会見とは違い、記者クラブ所属記者に限定された会見だったことが影響していたのかもしれない。

司法記者クラブのソファに腰を落ち着けた佐々木氏に対して、二〇ほどの質問が出た。

「なぜいま提訴なのか」という朝日新聞記者の質問にはこう答えた。

「私は去年の春から提訴せざるを得ないと考えていた。しかし北海道新聞はその後、真摯《しんし》に調査をして、しっかりやります、事実をよく調査して対応します、ということを言ってきたので、調査の進捗《しんちょく》を聞いたりし、当事者どうしで解決されることを期待していた。その心を直接変えることになったきっかけは、今年の一月十四日の泳がせ捜査の記事（おわび社告）でした。引き金と受けとめてもらっていい。とても納得がいかない。事実があったのかどうか明らかにせず、わからないままに謝罪という形、言葉だけの謝罪になっている」

「道警は確かに強大な組織です。道新も強大な組織だと思います。私のような、吹けば飛ぶような個人、私はよく言うが、北海道新聞社が戦艦大和なら私は笹船だ。このような弱い者に対しては、何と言うか、泣き寝入りをさせられる状態になるんだろう、うやむやに終わらせられる形に持っていかれてしまうんだろう、そういう恐れを強く抱きました」

佐々木氏は質疑の最後、この提訴は裏金報道で矢面に立たされていた総務部長時代の仕返しでは決してない、と強調した。

「これほど多くの文書を夜も寝ないで、自分のしたいことを投げ捨てて、一年九か月やってきたわけです。意趣返しではとてもできない。頼まれてもできない。私のさまざまな思いがあって、自らのエネルギー、持ち続けられたものだと理解いただきたい」

とにかく、裁判は始まる。

おわび社告と懲戒処分の受け容《い》れで終わったと思っていた物語には、まだ続きがあった。

法廷

——札幌、二〇〇八年九月

二〇〇八年九月二十九日、東京・永田町の衆院本会議場では、五日前に就任したばかりの麻生太郎《あそうたろう》首相の所信表明演説が行われていた。麻生首相は第九二代、五九人目の首相である。

北海道警察の裏金問題が表面化した当時の首相は小泉純一郎氏だった。

小泉氏は問題発覚から間もない二〇〇四年三月二十五日の衆院予算委員会で、警察の裏金問題についての質問に対し、「たんなる北海道の問題ではなく日本警察全体の問題と認識している」と答弁したことがある。警察の裏金問題について日本の総理大臣が国会で言及したのは、おそらく初めてではなかったかと思う。しかも小泉氏は裏金問題について「日本警察全体の問題」だと、きわめて正しい認識を示していた。

小泉政権のあと、首相は安倍晋三《あべしんぞう》氏、福田康夫《ふくだやすお》氏とほぼ一年おきに交代した。そして麻生氏の登板である。

麻生首相が所信表明演説を行っていたのと同じ時間帯、東京から一〇〇〇キロ以上も離れた札幌地裁では、「道警裏金本訴訟」の口頭弁論が開かれていた。

弁論は午後一時半に始まっている。この日は、北海道警察の元総務部長であり、訴訟の原告となった佐々木友善氏が証言席に座っていた。

ロンドンから駆けつけた私は法廷の被告席に座り、佐々木氏をじっと見つめていた。きちんとしたスーツ、細い銀ぶちの眼鏡。佐々木氏の風貌《ふうぼう》は以前とほとんど変わらない。

組織のすみずみにまで染みついた裏金づくり。それを長きに渡って隠し続けてきた強大な警察の官僚機構。その北海道の組織にあって、裏金づくりを熟知していたはずの元大幹部が、これからいったい何を語るのか。甲84号証が示す一連の秘密交渉について、語るべき何かを持ち合わせているのか。

のちに自分が証言席に座ったとき以上に、私は緊張しながら開廷を待っていた。

あらためて記すと、この裁判が始まったのは、二〇〇六年五月三十一日である。『追及・北海道警「裏金」疑惑』（講談社）と『警察幹部を逮捕せよ！』（旬報社）の二冊について、一部に虚偽記載があり名誉を毀損《きそん》されたとして、佐々木氏は慰謝料六〇〇万円と北海道新聞への謝罪広告の掲載、書籍二冊の回収・廃棄を求めていた。

被告は私、裏金問題取材時に道警記者クラブキャップだった佐藤一記者、北海道新聞社、講談社、旬報社の五者。そして、旬報社版の共著者であるジャーナリストの大谷昭宏氏、作家の宮崎学《みやざきまなぶ》氏も「利害関係者なのに被告からはずされたのはおかしい」として、補助参加という制度を使って、自ら被告席に座ることになった。

大谷氏は当時、インターネットのニュースサイトで「訴えられてもいないのにわざわざ被告になった経緯」について書いている。

「損害賠償訴訟を起こしたのは当時の北海道警の総務部長で、裏金疑惑の隠蔽《いんぺい》に奔走した佐々木友善なる男である。ちなみに、訴えを受けてから私たちも佐々木氏を名誉毀損で反訴しており、現在は二つの裁判を併合して札幌地裁で行われている」

「名誉毀損の内容は、弁護団にもいろいろと意見があるのだが、道警の裏ガネ疑惑が北海道新聞でさかんに報道されていたとき、当時の総務部長だった佐々木氏が本部長から叱責《しっせき》を受けたことについて私たちが本に書いたことにある。佐々木氏によると、この記述によって彼は社会的信用を失い、名誉を毀損されたというわけだ。だが、仕事のしかたが悪くて上司が部下を叱ることなど、警察のみならず、あらゆる会社組織では日常茶飯事である。しかも、叱責の背景には道警の裏ガネ問題がある。佐々木氏が叱責されたのは裏ガネ疑惑を誤魔化しきれなかったからだ。そのことを私たちが暴露したからといって、名誉毀損にあたるわけがない」

「では、なぜ私と宮崎さんがこの裁判に参加したのか。私が許せないのは、佐々木氏が損害賠償のほかに、本の『回収・廃棄』を要求しているからだ。私たちは四人で本を出版しているわけで、『回収・廃棄』ということになったら、それは少なくともモノを書いて飯を食っている人間からすれば『死ね』と宣告されることに等しい。断じて許すことはできない。しかも、当初は私と宮崎さんを被告からはずしていた。うるさいヤツをはずして道新の記者だけを訴え、道新に嫌がらせをしたかったのだろう」

「佐々木氏の本当のねらいはどこにあるのか。つまるところ、道警は道新に嫌がらせをし、弱体化させたいだけなのだ。嫌がらせはこの裁判だけではない。取材拒否、記者への恫喝《どうかつ》、道内の警察署に不買運動を呼びかけるなど、さまざまな嫌がらせを行っている。道新にはこうした嫌がらせに対して徹底的に闘ってほしいと思っている」

この提訴の前後、北海道新聞社の内外では、さまざまな動きがあった。

佐々木氏が訴状を提出する直前には、衆院の内閣委員会で「北海道警察による北海道新聞への圧力」が問題になった。追及したのは民主党の衆院議員で、北海道選出の鉢呂吉雄《はちろよしお》氏である。

二〇〇六年四月十四日。

鉢呂氏は委員会の質問者席で、愛媛県警の裏金問題などを手厳しく追及していた。そして、資料をかざしながら、北海道警察の問題に質問を移した。

「これは、昨年（二〇〇五年）の十一月十七日、北海道警察の広報課長さんと北海道新聞の記者さんとのやり取りが北海道新聞の記者さんの手で書かれたものでございまして……」

鉢呂氏は、道新の道警担当キャップと道警広報課長岩田満《いわたみつる》氏とのやり取りを記したメモを使って質問を始めた。メモの作成者はキャップ。北海道新聞社の幹部らを驚愕《きようがく》させたに違いない、あの一連のメモである。

鉢呂氏は続けた。

このメモでは、道警の広報課長がこう言っている。北海道新聞社の東京支社広告局の問題で、新聞社の幹部に事情を聴く可能性が出てきた。道警の部長クラスで明日、会議を開き、北海道新聞の案件で対応を決める流れになっている、と。

鉢呂氏はさらに、このメモに「捜査することになると、関係先にガサを入れることにはなる。役員室だとかも当然対象になる」と書かれていること、翌十一月十八日のメモには「昨日の例の話、道新のしかるべき人に事情を聴くことが決まった」と記されていることを取り上げ、こう迫った。

「この問題については、すでに警察庁に事前にお尋ねをしておりますが、こういった二人の協議があったのかどうか、これについて、国家公安委員長としてどのように聞いているか、お答えをいただきたいと思います」

答弁に立ったのは、国家公安委員長の沓掛哲男《くつかけてつお》氏である。沓掛氏は石川県出身の参院議員。建設技監を務めた建設省の大物で、官僚中の官僚だった人物である。当時は七六歳になっていた。

沓掛氏は答えた。

「御指摘の点について確認したところ、どの記者に対しても、圧力をかけることや、捜査情報の漏えいにあたるようなことは行っていないとの報告を受けております」

鉢呂氏の追及は止まない。いくつもの質問を重ねたあと、さらに問いただした。

道警側は、北海道新聞の案件に関して、役員室も含めてガサ入れをするとか、さまざまな具体的な捜査情報を伝えているじゃないですか。ここに具体的なメモがあるんですよ。どう考えますか。

沓掛大臣は「圧力や捜査情報の漏えいはなかったという報告を受けております」とくり返すだけだった。

内閣委員会での追及は、後日も続いた。

警察の裏金問題を国政の場で継続追及した議員はそう多くない。鉢呂氏はその数少ない議員の一人だ。国政の場以外でも、道警幹部五人を業務上横領罪で札幌地検に刑事告発するなどしていた。告発が不起訴になると、検察審査会が「不起訴不当」を議決したのに合わせ、札幌地検に再捜査を申し入れている。

その鉢呂氏は二か月後の五月十七日、北海道警察による北海道新聞社への「圧力」問題をふたたび取り上げた。

私は、と鉢呂氏は言っている。

質問状を北海道警察と北海道新聞社に出したところ、北海道新聞社は、取材源の秘匿の観点で答弁を差し控えたい、という回答でした。しかし大臣、北海道新聞は、報道機関であれば、この圧力の問題を自ら社会的に明らかにする必要があるのではないですか。

そして鉢呂氏は要求した。

「このメモにかかわった北海道警察の岩田満、当時の広報課長、現札幌東警察署長、それから北海道新聞社の菊池育夫社長、そして、このメモにかかわった北海道新聞道警記者クラブキャップの三名を参考人として当委員会に御招致をいただきたいと思います」

鉢呂氏が要求した参考人招致は実現しなかった。

しかし、警察による報道機関への「圧力」が国会の場で問題になったことも異例なら、新聞社の社長や警察担当キャップが参考人招致を要求されたのも異例だった。

この国会でのやり取りは当時、北海道新聞のほか、朝日新聞、毎日新聞、読売新聞の全国紙も多少報じている。ただ、各紙の記事は国会での質疑を伝えるだけで、その背景に深く踏み込むことはなかった。

佐々木氏が証言台に立ったとき、そうした国会でのやり取りから、すでに二年以上の月日が流れていた。

裁判ではこの間、北海道新聞社側からは、佐藤一記者と裏金報道時に道警サブキャップだった中原洋之輔記者の二人が証言台に立った。警察側では、道警本部長だった芦刈勝治氏の証人尋問が終わっていた。芦刈氏は法廷で「道警で問題が発覚するまで警察の裏金問題は知らなかった」という趣旨の証言をくり返している。発言に新しい要素はなく、現役時代と同様、キャリア官僚らしいそつのなさが目立った。

私が感じたのは、発言の内容よりも時間の流れだった。

芦刈氏は道警本部長を務めたのち、警察大学校長などを歴任した。札幌地裁に姿を見せたときは新日本製鐵《せいてつ》に顧問として天下りを果たしていた。

警察組織内部では、裏金問題以降の芦刈氏の経歴がどう評価されているのか、それはわからない。しかし、警察組織に染みついた裏金という宿痾《しゅくあ》を徹底的に除去できなくても、日本を代表する大企業の顧問には就任できる。時の経過だけなく、キャリア警察官の人生を「どうだ」とばかりに見せつけられた気がしていた。

佐々木氏に対する反対尋問が行われる前の晩、私はひさびさに札幌で佐藤記者と居酒屋に出かけた。

同じ裁判にのぞんでいるとはいえ、私はふだんロンドンにいる。連絡は電子メールと通話料を常に気にしながらの国際電話だけだ。札幌の本社で何が起きているのか、訴訟の準備はどんな具合なのか、それらをじっくり話す機会はほとんどない。

佐藤記者の話を聞きながら、私はため息の連続だったと思う。彼は言った。

かりです」

「会社は相変わらずです。訴訟準備のためと言いながら、打ち合わせの席ではいつも犯人扱いです。情報源は誰か、といまも追及されて。僕らの足をすくおうと、そればかりです」

佐藤記者はあるとき、記憶を呼び戻すために裏金報道当時の資料をコピーしたいと会社側に申し出たそうだ。でも、閲覧しか許可されなかった。しかも、閲覧する傍らには編集局幹部が「見張り番」として片時も離れず、つき添っていたという。その話を聞いた私は「幹部にはほかに大事な仕事はないのか」と、思わず口にした。

会社で引き継いだ取材資料も散逸しているという。「取材メモのファイルはロッカーに残っていませんでした」とも言う。

「どうやら」と佐藤記者は続けた。

取材メモを綴《と》じたファイルは道警記者クラブに持って行っているようです。記者室のブースは深夜、無人になることもあります。本当に大事な取材メモは会社に残していませんが、道警記者クラブに裏金関連の取材メモを束で持ち込むなんて、不用心なこと、この上ない。何を考えているんでしょうか。

それに資料を自分にろくに見せないで聴き取りが行われたこともあります。相手は資料を見ながら「おまえ、当時の事実と違うぞ」とか「前後関係が違っている」とか、そうやって追及されます。記憶を正確に喚起《かんき》するというよりも、責め立てられている感じです。

私もその場では、憤りながら話していたと思う。ロンドンからの帰国に合わせて本社で行われた「訴訟打ち合わせ」では、私もずいぶん嫌な思いをした。

裁判の争点となっている記述について、情報源は誰か、と会社側が私に問うた。

私はいつものように「道警側と裏交渉をやるような会社は信用できません。あの交渉は報道機関の自殺行為です。だからここでも言えません。個人契約している東京の清水勉《しみずつとむ》弁護士には言いますが、いまの状態では会社には言えません」と突っぱねたが。

「出来レース裁判」という言葉も頭から離れなかった。

私と佐藤記者は会社の顧問弁護士に代理人を依頼すると同時に、個人で清水弁護士とも契約を結んでいた。契約を結んだ時点では、まだ裏交渉の内容は明らかになっていなかったが、「裁判で道新側がわざと負け、敗訴の責任を取らされる形でふたたび何らかの処分を受けるのではないか」という漠然たる不安を払拭《ふっしょく》できずにいたからである。

佐藤記者との飲み会では、「青しんぶん」という労働組合の宣伝ビラも憤りの材料になった。

元道警総務部長の佐々木氏との裏交渉について、そのビラ用に書いた原稿をロンドンから電子メールで送信したら、組合執行部に「そのビラは出せない」と拒否された。「裏交渉には組合員である道警担当デスクとキャップもかかわっている。組合は組合員の利益をも守らねばならない。それにほかにもいろいろ難しい問題がある」

組合の執行部はそう説明した。

「青しんぶん」が拒否された事例など、それまで聞いたことがなかった。組合内でも自由にものが言えないのか、何がどう難しいのか。そう問う私に対し、ついぞ納得できる説明は示されなかった。

労組の委員長は一年交替である。会社の不正を厳しく追及した先代の委員長は退任し、かつて道警記者クラブに詰めていた経験も持つ先輩が委員長になっていた。

その代わり、「組合が協力しないなら協力するぞ」と、社内の仲間が有志という形で説明会を主催してくれた。秘密交渉の経緯と問題点をきちんと理解してもらおうという試みである。その際、私は気づかなかったが、勉強会の会場だった本社会議室の入り口付近では、出入りする社員を編集局幹部がチェックしていたらしい。

佐々木氏が証言席に座った二〇〇八年九月二十九日の法廷でも、傍聴に訪れた北海道新聞社の社員は、会社幹部から名前と休暇取得の有無などをチェックされたという。

ロンドンに赴任して二年あまり。北海道新聞社編集局の内部は、ますます分裂がひどくなったように映った。ロンドンにいるあいだ、私はこうした問題を忘れかけていたことがある。社会全体も警察裏金問題への関心を失っていった。それでも、札幌の街の一角では、警察と報道をめぐる、ねじれた関係が厳然と続いていたのである。

時の流れ、変わったもの、変わらないもの。そういったものをない交ぜにしながら、二〇〇八年九月二十九日の午後、私は札幌地裁の被告席にいた。麻生太郎首相の所信表明演説も同じくらいの時間帯に行われていたはずだ。大きなニュースだから注意を払うべきだろうが、遠い国会でのできごとへの関心など消し飛んでいた。

開廷から小一時間は、北海道警察で総務部長だった佐々木友善氏に対する主尋問が続いた。質問に立ったのは、佐々木氏の代理人の斎藤隆広《さいとうたかひろ》弁護士である。質問と回答はほとんどが訴状や準備書面に沿った内容であり、目新しい事実はない。

ただ、主尋問の最後には、こんなやり取りがあった。

──この訴訟の進め方について、訴訟を提起する前に、道新から何か提案はありましたか。

「(報道本部長の)早坂(実)さんから裁判の出来レースをやろうと。内容としては、四つの記述があると、しかしそのうちの一つや二つはねつ造ということにして、それ以外は事実であるという結論をつくっておいて、そして、裁判に持ち込んだ上で和解しようという、そういう提案でありまして。私の受けとめとしては、四つの記事は全部ねつ造だけれども、そのうちのいくつかをねつ造と認める形で……和解に持っていきませんかという提案だったと思います」

——最後に、道新に対して言いたいことがあれば言ってください。

「道新は潔く認めて……読者に詫《わ》びて、そして出直しをしていただきたいと思います。私はこの記事（書籍の記述）に関して道新に抗議をしたあと、いままで四年に渡りまして、道新はきわめて不誠実な、人をばかにしたような対応を続けてまいりまして、私はこれについて、記事の次の新たな人権侵害を受けていると、こういうふうに思う気持ちでいっぱいであります」

主尋問はこれで終了した。

被告側による反対尋問で、最初に立ち上がったのは馬場《ばば》正昭《まさあき》弁護士である。

馬場弁護士は、佐々木氏が裏金づくりを知っていたかどうかを尋問の中心に据えていた。佐々木氏は、在職中と同様、この法廷でも「裏金のことはまったく知らなかった」との答えをくり返していた。

馬場弁護士は問うた。

——（警察の内部調査や北海道監査委員の監査結果では）副署長とか署長が関与して裏金づくりをしていたという報告になっていますけども、あなたはその副署長とか署長の経験も長い期間あるわけですね。

「経験はあります」

佐々木氏は札幌東署で副署長を務めたあと、日本海側の積丹半島のつけ根に位置する岩内署で署長、道内最大規模の札幌中央署でも署長を務めている。

──あなたは、副署長あるいは署長も歴任していると。そういう中で、裏金づくりに関与したことはないんですか。

「……こういう質問は本件の争点事実と関係があるんでしょうか」

──あるんです。

佐々木氏の代理人が立ち上がって「関係ございません」と異議を唱えた。反対尋問中、佐々木氏側は何度も異議を唱え、質問をさえぎっている。このときは裁判長が異議を認めず、答えを促した。

「そういう（自分が裏金に関与しているとの）認識は持っておりませんでした」

──道の監査報告によると、あなたが札幌中央署の署長に就いている期間中、捜査報償費の支払先がはっきりしないと、あるいは、どこに使ったかはっきりしないと、そういう報告があることを知っていますか。

「よくわかりません」

──道の特別監査報告っていうのは読まれたんでしょう。

「そういう記事が出たような記憶はありますけれど、詳しくは承知しておりません」

——ふつう、関心を持って見ているんじゃないですか。札幌中央署の署長をしていた時期の資料とか報告がどうなっているか、見たんではないですか。

「そういう記憶はありません」

馬場弁護士は北海道監査委員の報告書を示しながら、質問を続けた。

——平成十二（二〇〇〇）年度で捜査用報償費の執行の事実がないものが七七件で大体一五〇万円ぐらい、執行の事実が確認できなかったものが一〇九件。十三年（二〇〇一年）度では、執行の事実が確認できなかったもの一五九件……あなたの札幌中央署長在任中と、完全にではないですけれども重なっている時期なんです。それでも裏金づくりについての認識がなかったと。

「はい」

——道の特別監査報告によると、長いあいだ、全組織で上部の幹部が関与する形で裏金づくりがなされていたという趣旨の報告がある。そういうことは知らなかったと。

「はい（知りませんでした）」

馬場弁護士は少し質問を変えた。

あなたが道警本部の総務部総務課で調査官だった当時、上司の総務課長に原田宏二さんがいた時期がありましたね、その原田さんから陳述書がこの訴訟に出ていることを知っていますか、と。

原田宏二氏は北海道警察の釧路《くしろ》方面本部長まで上り詰めた元大幹部である。裏金問題が発覚したあとの二〇〇四年二月、実名で道民の前に姿を現し、「組織的な裏金づくりは事実だ。道警は道民に謝罪して再起しなければならない」と訴えかけた。原田氏自身が裏金からヤミ手当をもらっていたし、裏金をつくるために会計書類を偽造したこともある。

そうした自身の経験をすべて明らかにした上で、佐々木氏ら後輩に向かって、「道警幹部は全員が熟知していることだ。裏金が事実かどうかを確認するための内部調査なんて、意味がない」と公言していた。末端の一警察官やOBではなく、全国都道府県警察本部長会議にも出席していた大物である。さらに北海道東部の弟子屈《てしかが》署の次長だった斉藤邦雄氏も、自ら作成していた「裏帳簿」持参で会見した。こうした実名告白を機に、北海道警察と警察庁は組織的裏金づくりを認める方向に傾いていった。

その原田氏は、大谷昭宏、宮崎学の両氏の弁護士を通じて「陳述書」を出し、こんなことを言っていた。

自分の現職時代、副署長や次席が持ってくる「裏帳簿」を毎月決裁していたし、一九六四年以降に所属した一八のポストすべてにおいて裏金は存在した。佐々木氏を部下として使った総務課長時代は、警察庁キャリア組の総務部長に対し、裏金から「交際費名目」で現金を渡した。接待費用や異動時の餞別《せんべつ》などに使った。だから当然、佐々木氏も裏金の存在を熟知しているはずだ、と。

馬場弁護士は「原田陳述書」をもとに質問を重ねた。

――原田さんは総務課でも裏金づくりをしていて、あなたもその利得にあずかっているという趣旨の記載があるんですけれども、（裏金は知らなかったと言い張る以上）原田さんの陳述書は嘘だと、そういうことになるわけですね。

「（利得に）あずかっているという認識は持っておりません」

――餞別等という形で裏金から支払いを受けたこともないんですか。

「認識はありません。それ、約二〇年前の話ですよね」

――あなたは元警察官だったから聞くんだけれども、（裏金づくりは）横領とか詐欺になるんじゃないですか。

佐々木氏は「それ……」と言ったきり、答えに窮してしまった。そして、何十年も前の話だ、といった回答をくり返す。馬場弁護士もめげずに質問をくり出す。

その最中《さなか》である。

佐々木氏側の弁護士と裁判長が相次ぎ「質問の意味がわからない」「本件とどういう関係のある質問なんですか」などと馬場弁護士に問い返した。

すると今度は、大谷、宮崎両氏の代理人である安田《やすだ》好弘《よしひろ》弁護士が立ち上がった。

「（佐々木氏に）しっかり答えるよう（裁判長は）指導していただきたい」

安田弁護士は死刑廃止運動の先頭に立ち、死刑囚の弁護を厭《いと》わない。オウム真理教事件で麻原彰晃《あさはらしょうこう》被告の弁護人などを務めたことでも知られる。法廷でも打ち合わせの場でも熱血漢ぶりは変わらない。

馬場弁護士の質問は続いた。

佐々木氏はいったい、裏金を知っていたのか、知らなかったのか。

——最初は道警の組織体としては裏金づくりを否認していて、結果的に認めた。認めた時期は、あなたの認識では、いつ？

「二〇〇四年の十一月ぐらいか十二月、そういう趣旨の報道がされたことは承知してます」

——どういう形で（道警は）認めたと？

「具体的にはわかりません」

——そうすると、あなたの在任中の二〇〇四年三月末までは、道警は裏金づくりを認めてなかったということなんですか。

「認めて……いたという……ことでもないのかなと、私は思いますけれども」

佐々木氏が総務部長に在職中の二〇〇四年三月十二日、道警は北海道議会において、旭川中央署分の裏金づくりに関する中間報告を行い、同署に限定しながらも裏金づくりを認めている。

しかし、これは佐々木氏の認識では裏金を認めたことではないらしい。

馬場弁護士はこれらの質問を通じ、「佐々木さんが裏金を知らなかったというのは嘘だ。かりに万が一、裏金を知らなかったとしても、議会などの公の場で『裏金はない』と言い続けた佐々木さんの発言は、事実と違っていた」と言いたかったのである。そうであれば、実際は裏金があったのだから、裏金づくりが確定した段階で、佐々木さん、あなたの社会的評価は地に落ちたのだ、と。書籍二冊の細かな表現によってあなたの信用が地に落ちたのでない、と。

かりに佐々木氏が裏金の存在に真に気づかなかったとしたら、会計課を所管する総務部のトップでありながら、何億円もの税金の動きをまったく掌握できていなかったことになる。裏金にいっさい手を染めずに大幹部に出世した、おそらくは全国でもまれに見る清廉な警察官だったという推測が成り立つ。

佐々木氏はこの法廷で、北海道や国への返還金については自らも負担したことを明かしている。

かりに佐々木氏が裏金の存在をまったく知らなかったとすれば、それは言い換えると、組織に騙《だま》され続けていたということでもある。道警の最高位にまで上り詰めた警察官人生は、組織に騙され続けた時間だったということになる。騙されたことを知りながら、その挙げ句に何の疑義も唱えず、「組織のために」と自己資金を拠出する。

そんなことがあり得るだろうか。佐々木氏にとって警察組織とは何だったのか。

私は証言席に座るスーツ姿を見つめていた。佐々木氏は真正面の裁判長を見据えて、証言を続けている。被告席から見ると、少し前かがみになっているように映る。時間はだいぶ経過した。

佐々木氏への反対尋問はいよいよ佳境に入っていった。

結審

——札幌、二〇〇九年二月

二〇〇八年九月二十九日。

札幌地方裁判所では、「道警裏金本訴訟」の口頭弁論が行われ、原告の佐々木友善氏への反対尋問が続いていた。午後一時半に始まった法廷はすでに二時間が経過し、時計の針は午後三時半を指している。

二番目に立ったのは、東京の清水勉弁護士。被告の私と佐藤一記者が個人で依頼した代理人である。

清水弁護士は全国市民オンブズマン会議の役員、日本弁護士連合会の情報問題対策委員会委員長などを務めたことがある。警察問題では、「明るい警察を実現する全国ネットワーク」の代表を務めていた。メディアと警察の問題に強く、この分野では全国でも指折りの存在と言ってよい。

私や佐藤記者は訴えられたとき、「どうも会社の動きがおかしい。徹底的に闘いたいと思っても、強引に和解に持って行かれるかもしれない」という漠たる不安を拭《ぬぐ》えずにいた。しかも提訴直後から、北海道新聞社の幹部は何度もロンドンに国際電話をよこし、「個人で弁護士を雇ったりしないよな？　会社の顧問弁護士をちゃんと使って訴訟にのぞめ」と言ってきた。その頻度があまりにも多いため、逆に私たちは不安をつのらせていた。

清水弁護士を紹介してくれたのは、高知新聞社の幹部である。佐藤記者によると、清水弁護士の元へ依頼におもむく際、この幹部はわざわざ飛行機を使って東京まで足を伸ばし、一緒に事務所へ行ってくれたのだという。

　高知新聞社の社員たちは社内でカンパを集め、「訴訟費用の足しにしてくれ」と、札幌まで手に持って届けに来てくれたこともある。

　佐藤記者はのちのち、「よその会社の記者のことなのに、何でこんなに気にかけて、そこまでしてくれるのか。意気に感じますよね」と何度も語っている。

　法廷では、その清水弁護士が被告側の代理人席で立ち上がった。いつもと同様、ノーネクタイである。

　清水弁護士は、書籍二冊を最初に読んだのはいつか、と佐々木氏に尋ねた。

　——（旬報社の）『警察幹部を逮捕せよ』は奥付によると二〇〇四年六月三十日が最初の発行日になっているんだけれど。

「この本を読んだのは九月ごろだったと思います」

　——それまでこの本が札幌市の書店に並んでいるのは、ごらんにならなかった？

「本は読んでおりませんが、知っていました」

　——あなた以外でも、道警関係者とか記者クラブの記者とかがこの本を読んで、「原告のことが書いてある」と指摘をした人はいませんでしたか。

「おりました。よく覚えていないんですけど……（自分のことが書かれている部分の）コピーをいただいたと思うんです。それで見ました。そこのページですね」

――それはいつごろですか。

「……たぶん七月だったと思うんです」

――どんなふうに思われましたか。

「これは何だろう、これは何もないことを書いてっていうふうに思いました。とんでもないことを書いてるじゃないか、と思いました」

――全体を読んだのは九月ですか。

「はい、そうです」

――それほど関心はなかったんですね。

「関心がないというか、ものすごく多忙だったもんですから。いずれゆっくり読まなければならないな、とは思いました」

清水弁護士は講談社発行の『追及・北海道警「裏金」疑惑』についても、いつ読んだのかを尋ねた。同書の発行日は同じ年の八月十五日である。

佐々木氏は、これもやはり、自分について書かれたコピーを最初にマスコミ関係者か警察官からもらい、その後に全体を読んだと答えた。全部を読んだのは九月になってからだという。

――あなたの陳述書とか訴状によると、かなり精神的な打撃というか、名誉心を傷つけられたということですよね？

「はい」

――すぐに弁護士さんに相談されなかったんですか。

「それはまったくしておりません。全体が何もそのころわかりませんでしたから」

――全体がわからないというのは？

「本全体を読んでませんから」

――でも、名誉毀損《きそん》というのは……大問題なわけでしょう？

「はい」

――弁護士さんに相談されなかった。

「ええ、その時点ではしておりません」

清水弁護士はこのあと、佐々木さんのご家族はこの本を読みましたか、読んだとしたら何を言っていましたか、と質問した。佐々木氏は、妻や娘が読んだかどうかは知りません、と答えた。

清水弁護士はこうした回答を聞いた上で言った。

私はふだん、報道で傷ついた側の代理人を務めるケースが多いけれども、そうした人々は家族も大変な精神的苦痛を受けている。近所で嫌がらせや差別を受けた例も多い。ところが、佐々木さん、あなたの訴えや主張の中には、そういうことがいっさい出てこない。だからご家族のことも尋ねたんです。

清水弁護士は少し質問を変えた。

――陳述書によりますと、五〇回以上ですかね、原告は道新といろいろ話をされてきましたね。

「はい」

――まず弁護士に最初に相談したのはいつですか。

「……」

佐々木氏は、しばしば言いよどんだ。沈黙も目立った。

――提訴する段(になって初めて相談したの)ですか。

「提訴は二〇〇六年五月でしたね」

――はい。逆に聞きますと、道新と話し合いをしている過程では、弁護士さんと相談しないで、あなたが独自に対応されてたということでいいんですか。

「ああ、そうです」

――そこで疑問なんですけれども、この本を出版しているのは旬報社と講談社ですね。

「はい」

――そこに道新の記者は出てきますけれども、出版元は道新ではありませんね。

「はい、違うんだと思います」

――じゃあ、その旬報社のほうには、いつあなたは抗議をされてますか。

「旬報社に抗議はしておりません」

――講談社にはいつ抗議してますか。

「講談社にも抗議しておりません」

――出版物で耐え難い名誉毀損《きそん》を受けている場合、弁護士でなくても誰でもだと思うんですけれども、出版元に対してデタラメを書かれて私は名誉毀損だと、発売を止めてほしいと、発売元に請求するのが筋だと思うんです。なぜされないんですか。

「法律の専門家であればそうなのかな、と思うところはありますが」

――法律の専門家でないとわからないことだと思いますか。

「出版社に言うのは筋かもしれませんが、私の頭の中では、こんな、ありもしないことを書いたと。著者が書いたから本になったという気持ちが強くて。(その)気持ちが先に立って、道新のほうに言ったんです」

佐々木氏は訴状や準備書面の中で、こう言っていた。

虚偽を書いた本が大量に全国で売られている、許されないことだ、社会的信用は地に落ち、平穏な生活を乱され夜も眠れない、だから謝罪せよ、本を回収・廃棄せよ、と。本が全国で売られていたことを証明するため、わざわざ東京の書店でこれらを購入し、その領収書も裁判に提出していた。いかにひどい被害だったかを証明するため、「耳鳴り症」になったという医師の診断書も証拠提出している。

佐々木氏提出の証拠には、路上で偶然に出会った知人たちが「佐々木さん、本当にひどい記事でたいへんな目に遭いましたね。でも私たちは佐々木さんを信用しています」と語ったという複数の書面もある。

——ちょっと待ってくださいよ。売って儲《もう》けているのは道新ではなくて、旬報社と講談社ですよ。あなたが延々と道新とやり合っているときに儲けているのは、講談社と旬報社じゃないですか。

ここでいきなり、佐々木氏の代理人が立ち上がった。

代理人「議論を吹っかけていると思います」

——自分の行動選択の動機について聞いているんじゃないですか。名誉毀損の話をしてるんですよ。

代理人「たたみかけるような質問は止めてくださいよ」

——たたみかけるのが反対尋問ですよ！

ここで裁判長が間に入り、こう尋ねた。佐々木さんはそんな重大な名誉毀損をされているのに、出版社を相手に差し止めや訂正を求めなかった。その理由はなんですか。

「当時はそういうところに考えが及びませんでした。書いたものが問題だ。素人と言えばそうなんですが、道新というのは北海道新聞社ですから。日々（記事を）書いてる会社ですから。そこに言うことが一番大事なのかなと」

清水弁護士は閉廷後、「佐々木さんの行動はどう考えても、名誉毀損の被害者の行動じゃない」と私や佐藤記者に語りかけた。

「ふつう、出版物で名誉を傷つけられた人は出版社に抗議する。新聞記事なら新聞社、テレビ番組なら放送局。それがふつうだ。しかも道警で総務部長までやった人が、弁護士に相談することすら思いつかなかったなんて、そんなことがあるわけがない。その半面、道新には執拗《しつよう》に抗議して、君らの知らないところで裏交渉までやっている。名誉毀損の被害者の行動じゃないよ」

法廷で清水弁護士の反対尋問は、なおも続いていた。質問は「叱責《しっせき》の事実」に入る。裏金報道が始まって間もない二〇〇三年十二月十二日。

北海道新聞は夕刊で、現職の道警総務部長だった佐々木氏が道庁幹部に対して、「北海道議会で知事に『裏金を調査する』と答弁させないでほしい」と要請していた、と報じた。裏金追及を拡大させないための、裏工作である。

記事は、複数の道庁幹部が事実関係を認めている、と明記している。一方、佐々木氏については、電話の事実は認めたものの、「そんなことは言っていない」という否定コメントを掲載していた。

新聞記事にあるのは、ここまでだ。書籍二冊の刊行にあたって執筆者の私は、裏工作が表面化したため道警本部長の芦刈勝治氏が佐々木氏を叱った、という内容を書き加えた。新聞記事にはしなかったが、すでに当時の取材で明らかになっていたことがらである。

これに対し、佐々木は訴えの中で「叱責の事実もなかったし、そもそもそんな電話自体が存在していない」と主張していた。しかしなぜか、裏工作そのものを暴いた新聞記事は訴えの対象にしていない。

清水弁護士は、そこに焦点をあてた。

――（新聞記事の中の「そんなことは言っていない」という）コメントからすると、あなたから電話していないかもしれないけど、道幹部と話はしてるんじゃないんですか。

「この記事は非常に問題がある記事なんですよ……向こうから電話かかってきたことはありません。こちらから電話したこともありません。ですからその記事は間違いなんです」

――この記事が間違いということですけれども、複数の道幹部から確認を取っている書きかたになってますよね。あなたのほうで、副知事あるいはほかの道幹部に、なんでそんなことを言ったんだと、あるいは言ったのかどうか、確認はされましたか。

「しておりません」

もし裏工作の事実がないのであれば、佐々木さんは北海道庁に対しても「そんないい加減なことを記者に言うな」と抗議するのがふつうじゃないですか。清水弁護士はそう尋ねたのである。

反対尋問が終盤に差しかかったころ、清水弁護士はまったく別の証拠について質問を始めた。

甲100号証。

すなわち、原告が一〇〇番目に提出した証拠のことである。

のちに甲100号証の存在を知った記者仲間は「甲84号証も問題だが、警察組織のありようを考える上では、こっちのほうが大問題だな。おれは当時札幌にいなかったが、どの社も活字にしなかったのか」と驚いた。清水弁護士も「警察の体質を表す空前絶後の資料」と感想を述べたことがある。

甲100号証はそれほどすさまじい。

その中身は、佐々木氏による聴き取りの調査の結果である。相手は北海道警察の現職警察官を中心とした三二人で、全員が「叱責」のあった二〇〇三年十二月、北海道警察本部の総務部および警務部に勤務していた。つまり、大半が直属の部下だった人物である。

そうした人物たちを相手に、佐々木氏は聴取した。

北海道新聞の佐藤一記者と面識があるか。

「叱責」に関して佐藤記者から取材を受けたことがあるか。

当時の芦刈勝治本部長が佐々木総務部長を「叱責」したと聞いたことがあるか。

私、佐々木から直接、「叱責」のことを聞いたことがあるか。

そのほかの形で「叱責」の件を聞いたことがあるか。

聴取の相手には当時の総務課長がいた。参事官、管理官、調査官という肩書きの、警視クラスの幹部がいた。統括官や主査という肩書きの警部クラスもいたし、さらにその下の階級もいた。中には当時の警務部長もいた。このキャリア官僚は佐々木氏から電話で聴取されたときには警察庁長官官房参事官になっていた。

私たちは訴訟の中で、「叱責」についてはその事実を見聞きした複数の道警関係者から取材している、と主張していた。

これに対し、佐々木氏が聴取した三二人は、当時の総務部、警務部の主たる職員をほぼすべてカバーしている。この間に退職した者もいるが、大半は現職警察官だ。彼ら彼女らからすれば、佐々木氏は「大幹部」である。鉄の団結を誇る警察組織においては「元」がついても大幹部は組織に対して大きな影響力を持つ。

だから、甲100号証を初めて目にしたとき、「まるで踏み絵だな」と私は思った。裁判の証拠提出を前提にした佐々木氏本人による聴取に対し、佐々木氏が不利になるような証言を行う警察官など一人もいまい。そんなことをしたら、その瞬間に彼ら彼女らの警察官人生は終わる。

甲100号証についての清水弁護士の尋問が始まった。

――この回答してる方って、皆さんというか、ほとんどかな。現職の警察官ですよね。

「現職の人と退職した人と両方おります」

――現職の方、相当入っていますよね。

「はい」

――民事不介入の原則からして協力できないと断った人はいましたか。

「いません」

――調査方法としては面接、電話と二種類書かれてますけれども、これはあなたが直接相手と面接したり、直接電話をかけたという意味ですね。

「そうです」

――各自どのくらい時間かかりましたか。

「……一五、六分の人もいれば、三〇分くらいの人もいれば、さまざまだったと思います」

──最初、調査協力を断る人はいませんでしたか。

「いませんでした」

──みなさん積極的だったのですか。

「積極的というか、すぐに応じてくれたという形です」

このあと清水弁護士は、佐々木氏による聴取の日時を問題にした。聴取日は二日間にわたっており、いずれも平日。昼間が多いようだから、天下り先の執務室で執務時間中に聴取の電話をかけていたのではないか、という問いである。応答が揺らぎながらも、佐々木氏は昼間も夜もあったと述べた。

──あなたはOBになったとはいえ、(自動車安全運転)センターの職員にしろ、道警の職員にしろ、地位的にはあなたより下の人が多いわけでしょう。

「はい」

──そういったときに、あなたに協力をできないというようなことが簡単に言えるか、ということですよ。言えると思いますか。結論だけでいいですよ。

「……イエス、ノーのどっちがどうでしたか」

ここで裁判長が身を乗り出して言った。言えると思いますか、思いませんか。

「言えるというのは」

ふたたび清水弁護士に戻る。

──協力できない、と言えるか、と。

「協力できないと言えるかと、言えないかと」

──はい。

「協力できないと、言えるか言えないかですね」

──そうです。さあ早く答えを。清水弁護士がそう言いたげに証言席を見続けた。

佐々木氏が明らかに戸惑っていた。逡巡《しゅんじゅん》しながら、的確な答えを懸命に探している。

そして言った。

協力できないという気持ちがあれば（協力できないと）言えると思います、と。

被告席にいた私はすぐさま「嘘だ。その答えは嘘だ」と思った。警察組織の大幹部だったあなたに対し、かつての部下たちが逆らえないことは自明じゃないですか。

佐々木さんに不利な証言を、当の佐々木さんに対して直接言えるわけがないでしょう。

私の傍らに座る佐藤記者も、証言席に座った佐々木氏の横顔を見ながら同じことを思っていたに違いない。

同時にこの瞬間、私は確信した。

道警はまだ、総務部長時代の佐々木氏の近くにいた「北海道新聞の情報源」に気づいていない。裏金報道の際、重要な役割を担ったその情報源に気づいていない――。

しかし、情報源の特定につながるようなことは、記者側からは決して明らかにできないのだ。そのとき、わずかに、ほんのわずかにだが、「絶対に負けるはずはない」と思っていたこの裁判で、「負けるかもしれない」という気持ちが、初めて頭をよぎった。

不安な気持ちは、すぐに頭から追い払ったように思う。法廷外ではその後も「負けるはずがない。敗訴だとしたら、どんな判決文になるのか、その想像ができない」と私はくり返していた。

だが、懸念は現実になった。

敗訴を言い渡された翌年四月の判決において、札幌地裁は甲100号証を取り上げ、こう判断している。

「……総務課の職員全員と警務課に所属していた幹部全員が、原告（佐々木氏の問い）に対し、（北海道新聞から）取材を受けた事実はなく、また、原告が芦刈本部長から叱責《しっせき》されたことも知らない旨、回答している。原告本人からの問い合わせに対し、同人に不利益なことを新聞記者に話したことを認め難いことを考慮しても、原告自らが周囲に（叱責されたと）話をしていたというのに、原告が聴取した全員が叱責に関する話の存在すら否定するというのは考え難い」

わかりにくい文章だが、簡単に言えば、こういうことだ。

新聞記者の取材は信用できないが、道警元大幹部の調査は信用できる、記者の取材源は不明だが、道警の元大幹部はかつての直属の部下らにきちんと聴いてその警察官の名前も明らかにしているから、そっちのほうが信用できる、と。

ほかにも重要な判断はいろいろあったが、勝敗を分けたポイントは甲100号証に対する判断にあった。

甲100号証の問題について、清水弁護士は「報告書」と題する書面をのちの控訴審において提出し、こう主張した。

……一審の甲100号証で現職警察官が多数、佐々木さんに協力しています。佐々木さんは最初から「裁判で使う」と明言して事情を聴いています。現職警察官にとっては民事不介入の原則に抵触することがわかっていたはずですから、即座に協力を断わるか、少なくとも上司に相談するはずです。

しかし、相談を受けた上司にしても「一道民」の民事裁判の証拠となることを前提にして、職務中に起きたできごとを警察官個人の氏名を出して公にすることを認めるでしょうか。通常なら上司単独でも判断できず、道警本部長や警察庁にも相談しなければならないことがらだったはずです。「一道民」はほんの最近まで、道警の最高位にいた人物ですから、なおさらです。

ところが、一審での佐々木さんの法廷供述によれば、三二名の警察官らは誰一人として躊躇《ちゅうちょ》せず、即答したそうです。きわめて異常なことです。三二名がこの異常な対応をなし得たのは、道警本部長はもちろん、警察庁も事前に了解していたからだと考えるのが最も合理的です。だからこそ、回答内容も佐々木さんに有利な内容で統一されているのです……。

清水弁護士は控訴審の中で、甲100号証の異常性をさらに浮き彫りにしようと、三二名のうち、現在の所属部署や自宅住所が判明した二三名に連絡を取り、佐々木氏が一審で行ったものと同様の質問を文書にして送った。

ところが回答は退職者の一人からしか来ない。現職警察官からは誰一人、返答も照会も連絡もない。

そのやり取りを記した「報告書」の中で、清水弁護士は書いている。

「……(佐々木氏による聴取に関して)道警本部としても警察庁としてもまったく関与しておらず、問い合わせを受けた警察官らがその場で単独で判断したということであれば、問い合わせ当時、一道民にすぎなかった一審原告からの問い合わせにかぎらず、他の一道民、国民からの問い合わせにも柔軟に対応したはずである」

ところが、一国民である清水弁護士からの連絡に応じたのは退職者一人だけで、ほかはナシの礫《つぶて》だった。

「このような結果になる原因は一つしか考えられない。佐々木氏に対する回答は、回答すること及び回答内容について、道警本部及び警察庁が事前に了解しているからこそできた」

　だから、甲100号証の内容は信用できない。

「報告書」はそう力説している。

　二〇〇八年九月二十九日。一審の札幌地裁では、佐々木氏に対する反対尋問がまだ続いていた。

　時刻は午後四時を大きく回っている。開廷してからすでに約三時間。秋分の日を過ぎているから、日没は早い。裁判所の外はもう太陽が大きく傾いているに違いない。

反対尋問の最終盤、清水弁護士は「本当に裏金を知らなかったのか」を佐々木氏に問い質《ただ》した。

──あなたは退職するまでのあいだ、少なくとも意識的には不正経理には関与していないし、知らなかったということですよね。

「はい」

　佐々木氏はかって勤務していた部署で、原田宏二氏が上司だったことがある。原田氏は裏金問題を実名で告発した人だが、この裁判でもその部署で裏金があったという陳述書を出している。清水弁護士はそこを突いた。

――で、あなたは(そのときの裏金も) 知らなかったということですね。

「はい」

――不思議なのは、あなたが退職されたあとに監査結果報告書が出るじゃないですか。中間報告やら最終報告、それから確認監査と出てきますよね。

佐々木氏はうなずいた。

――あなたとすれば、北海道警が非常に攻撃されているといいますか、不正経理を組織でやっているんじゃないかという結果が出て、しかも、あなたの勤務していた部署にも、裏金があったという指摘が監査結果報告書の中に書かれているわけですよね。

「読む機会がありませんでした」

――いや、だって、北海道監査委員のホームページを見れば全部出ているじゃないですか。

「だから、見てません」

――そこがとても不思議なんですよ。あなたの立場からすれば、ずっと定年退職まで不正経理に関与しないで、少なくとも主観的にそんなことを知らないで、辞める直前になって大騒ぎになって、辞めたあとに第三者である監査委員が出した結果で、組織的な不正経理があったという認定をされてしまったわけじゃないですか。

「はい」

――だとすれば、あなたは原田宏二さんを含めて、道警の警察組織全体に騙《だま》されてたんじゃないですか。

「いや、そういう認識はありません」

――なぜですか。あなたは不正経理に関与していないし、知らなかったんでしょう。

「はい」

――全道的に（裏金づくりが）行われていたと監査報告書は指摘しているわけじゃないですか。

「指摘されたのは知っています。あとからですね」

――そうですよ。だからあとで、あなたは長年信じてきた組織に騙されたということで、組織に対する怒りを持たれるんじゃないですか。

「私、そういう認識は持たなかったんですよね」

――持たないのは、あなたがもとから知っているからじゃないですか。

「いや、そんなつもりではありません」

反対尋問の最初で明らかになったように、道警が裏金を国庫などに返還する際、佐々木氏は要請に応じて分担金を自己資金から出している。

――払ったということだとすれば、通常は少なくとも甘んじて受ける、それに自分が関与していることに対して、組織内的に、組織外的に、認めたということになっちゃうじゃないですか。

「払ったという事実はありますから、それは、その、払ったということです」

──だから、対外的に言えないのはまだわかるけども、少なくとも組織内に対しては、私は四十何年間まじめに警察官をやってきて、不正経理にはいっさい関与していません、知りません、なのに何ですかこの体たらくは、ということで、組織内に抗議はしないんですか、あなたは。

「私、しませんでした……結局、組織が大きいから、組織の中でいろんなことがやっぱりあるんだな、ということもありますから。そういう結論が出たからといって、誰かに文句を言うわけにもいかないという気持ちがあったんです」

──いろんなことがあるからではなくて、組織的な不正経理となったら、道警の信用も面目も丸つぶれじゃないですか。で、あなたのようなまじめな人が、多くの警察官はそうじゃないんだと。不正なんか関係ないんだと、なぜ言わない、抗議しない？

「やっぱり調査の結果、出たんだから仕方がないなと、こう思ってたんです」

──あなたは（二〇〇四年三月の北海道議会の）総務委員会でも、自分は不正経理に関与していないと、適正に執行してきたと、公の場で答弁されてますよね。

「はい」

――そしたらまさに、道警組織に足もとをすくわれているじゃないですか。

「そういう言い方も、解釈も成り立つのかもしれませんが、やっぱり……何というか大きな組織で、何万人もいる組織の中で、いろんな調査の結果でそういうのが出てきたんだなと。そう思っただけですから。抗議するような気持ちは起きませんでした」

――そういう気持ちが起こらない根本の原因というのは、「不正がない」ということを上から言わされてるからじゃないですか。

清水弁護士はそう切り込んだ。

全国約二九万人の警察組織の中に、キャリア警察官は、わずか五〇〇人ほどしかいない。

東京大学など有名大学を経て、超難関の国家公務員試験をパスした者だけに許された栄達の道。地方採用のノン・キャリア組が「巡査」から「警視」へ昇進するのにおよそ二〇年をかけているあいだ、キャリアたちは三、四年で「警視」になる。佐々木氏が定年間際に手に入れた「警視長」の階級にも、キャリア組は四〇代前半で到達する。

だから、清水弁護士は「上から言わされているんじゃないですか」という質問の中に、こんな思いを込めたのである。

佐々木さん、あなたは確かにノンキャリアとしては最高の出世を果たし、北海道警察の総務部長にまでなった。約一万人の巨大組織を見下ろす立場を手に入れた。でも、警察という強大な官僚機構全体からすれば、あなたもコマの一つにすぎないんです。「裏金を知らなかった」というのは事実でもないし、あなたの本心でもない。佐々木さん、あなたは言わされているんでしょう？　キャリアが支配する巨大組織に嘘を言わされているんでしょう？

佐々木氏の答えは短かった。

「いや、そんなことはありません」

閉廷後、裁判所内の弁護士控え室で簡単な打ち合わせがあった。外に出ると、もう暗くなっている。

私や佐藤一記者ら十数人はこの夜、ススキノの居酒屋「三百円」に腰を落ち着けた。料理はすべて一皿三〇〇円。それをキャッチフレーズにした店で、私がロンドンに赴任する前は別の店だったような記憶がある。

裁判は山を越えたと思った。

道警本部長だった芦刈勝治氏、裏金報道のときに道警記者クラブのサブキャップだった中原洋之輔記者。二人の証人尋問に続き、道警キャップだった佐藤一記者の被告本人尋問も終わっている。そして原告の佐々木氏の尋問もこの日で事実上終わった。

次回開廷の十二月十五日には、被告の私に対する本人尋問が予定されている。しかし、それはもう、何かのおまけのように感じていた。

「三百円」では、あちこちに話の輪ができていた。

駆けつけてくれた原田宏二氏は「傍聴席で聞いておったけどれも、佐々木は本当のことなど絶対に言えんよ」という。それが警察組織なんだ、と。

原田氏も佐々木氏と同じく警視長まで出世し、釧路方面本部長に上り詰めた。道警どころか全国警察を揺るがせた実名告発は、二〇〇四年の二月だった。あれから五年近い年月が流れている。あのときは、相当な覚悟で告発にのぞんだに違いない。

「まあ、覚悟というか。実名で記者会見する前に、OB会の北海道警友会をやめて、いろんな人との連絡も絶って。実名告発を事前に相談したら、半端でない圧力がかかるからな。弁護士以外にはまったく誰にも当日まで言わなかった。家族にも言わなかった。女房はびっくりしたらしいぞ。朝、ちょっと出てくるわ、と家を出た亭主が夕方には大ニュースになっているんだからな」

愉快そうに笑って話す原田氏。しかし、彼は組織の裏切り者である。

実際、実名告発の直後には「恩知らずの裏切り者」「この蛆虫《うじむし》野郎」「てめえも裏金をもらっていたくせに正義面するな」などと記した匿名の郵便物が山のように自宅に届いていた。差出人は特定できない。その一部を見せてもらいながら、私は表現しようのない不気味さを感じた覚えがある。

「三百円」のにぎわいは途切れない。

私は、誰かが持ち込んだ夕刊を眺めていた。麻生太郎首相の所信表明演説のニュースが一面に載っている。

若い記者が横から「来年春の判決のときは、そんな大きな記事になりますかね」と声をかけてきた。

「北海道新聞に？」と私。

「そうですよ」と若い記者。

まさか。北海道新聞にそんな大きな記事が載るわけがないだろう。編集局長ら幹部は、もう当時の人じゃない。みんな、この問題から早く離れたがっているんだ。「自分には関係ないことだ」と言いたがっているんだ。時間が過ぎるとは、そういうことなんだ。

判決

——札幌、二〇〇九年四月

東京は思いのほか、暖かだった。

二〇〇九年三月七日の土曜日。私はロンドン・ヒースロー空港からの直行便で、成田空港に着いた。リムジンバスに乗って、池袋のサンシャインシティプリンスホテルへ向かう。翌日には、都内の賃貸住宅へ入居する段取りが決まっていた。

「東京支社国際部次長」

その辞令が内示されたのは、二か月ほど前である。

池袋では夜、知人と会った。サンシャインシティのショッピング街に足を運び、和食の店へ。にぎり寿司《ずし》と蕎麦《そば》のセットを注文したような記憶がある。家族連れや若い人が多い、にぎやかな店だった。

時差ぼけで異常に眠たい中、近況や仕事の様子、北海道警察の総務部長だった佐々木友善氏との裁判の状況などをあれこれと、よくしゃべった。

裁判は前年の十二月に「被告・高田」の本人尋問が終わり、その後、最終の書面を提出して結審していた。あとは四月二十日の判決を待つばかりだ。提訴から判決までほぼ三年。その期間は私のロンドン赴任期間にぴたりと重なる。

判決はどうなりそうですか、と知人が聞いてきた。

「勝つ」と断言する自信もないけれど、「負け」となったらどんな判決理由になるのか、それが想像できない。負けるはずはないけど、「絶対」もない。そんなふうに答えたと思う。

訴訟の舞台となった札幌地方裁判所は、一九九〇年代のなかば、司法キャップとして連日取材に駆けずり回った場所だ。無罪判決や死刑判決といった刑事訴訟だけでなく、幾多の民事訴訟も取材した。石炭じん肺訴訟、北海道電力泊《とまり》原発の差し止め訴訟、予防接種禍の被害者が原告になったB型肝炎訴訟や小樽種痘禍訴訟、炭鉱事故の犠牲者遺族らが訴えた北炭夕張事故訴訟……。多くの裁判を傍聴席左手側の記者席で見続けた。

いまは自分がその被告席に座っている。裁判に絶対はない。そのこともよくわかっているはずだった。

週明けの月曜日から東京支社に出社した。

机の配置がわずかに変わっているものの、編集局のレイアウトに大きな変化はない。上司や部下も見知った顔ばかりである。

「よろしくお願いします」

おおーと大袈裟《おおげさ》なくらいに驚き顔をつくる先輩がいた。元気でしたか、との声もあちこちから飛んできた。頼むな、いい紙面をつくろうな、という上司の声もあった。

何も変わっていない。少なくとも表面上は以前と何も変化がない。国際部次長、すなわち国際ニュースを扱うデスクとして、組織内では平穏な日々が続くように思われた。裁判に関する話を持ち出さないかぎりは。

北海道警察で総務部長を務めた佐々木友善氏が、私や道警キャップだった佐藤一記者、それに北海道新聞社、講談社、旬報社の五者を訴えた「道警裏金本訴訟」は、帰国の前に審理が終わっていた。

佐々木氏に対する反対尋問が裁判の山場だと思っていたので、前年十二月十五日に行われた自分自身の尋問はほとんど印象に残っていない。ただし、公式の速記録を読み返してみると、「自分が言い続けていたことは法廷の場でもほとんど揺らいでいないな」との思いはある。

たとえば、こんなやり取りだ。

――二〇〇三年十一月下旬から始まった道新の道警裏金追及の取材の中心的な責任を負っていた立場に、あなたはありましたね。

「その通りです」

――取材記事化について、あなたはどういう方針を最初に立てましたか。

「北海道警察全体に裏金が存在するということを書くことが一つ、しかし、それにとどまらず、それを公式の場できちんと認めさせる、認めていただく。それを大方針にしました」

——それまでにも（全国の）あちこちで裏金報道はありましたよね。それと今回の違いはどういうところにあったんですか。

「裏金に関する報道は、各地で断片的に出ていました。しかし、言わばそれは書きっぱなし。裏金があると書いて、警察組織は知らないと答える。そのくり返しでした。しかし実際に税金が正当に使われていない、その事実を是正してもらうには、公式に認めてもらうしかないと考えていました。ですから、公式に認めさせることを大方針にしました」

報道が権力の不正を書く。権力側が否定する。また書く。また否定する。そのくり返しの中でやがて報道も沙汰《さた》やみになっていく。そんな過去の事例はくり返したくないと、私は考えていた。事実を摑《つか》んで、権力側の虚言をひっくり返し、最後は「報道の通り不正は事実でした」と認めさせたい、と。

私は北海道新聞の先輩たちから「権力監視のために記者クラブがあり、記者が常駐している」と教わってきた。その理屈が壮大な建前になり果てているにしても、「やればできる」ことを実践で示したかった。

私に対する尋問では、現職の総務部長だった佐々木氏が北海道新聞社の本社を訪問したときのことも聞かれた。二〇〇三年十二月のできごとである。

裏金報道が一気に激しさを増したそのとき、北海道新聞は「佐々木氏が道庁幹部に

『知事に北海道議会で、裏金問題を調査する、と答弁させないでほしい』と要請した」という記事を書いた。道警による隠蔽《いんぺい》工作の一環だと考え、私たちは大きな記事にした。内緒だったはずの工作が新聞で暴露され、そして佐々木氏は道警本部長に「叱責《しっせき》」された……と流れはつながっていく。

――二〇〇三年十二月十二日の夕刊の（道警による対道庁工作の）報道後間もない十二月二十日に、原告（の佐々木氏）と道警広報課長の政田卓三さんが道新本社に来たことがありましたね。

「はい」

――道新側では誰が対応しましたか。

「私と、当時の直属の上司である高橋《たかはし》報道本部長、二人です」

――原告らは何のために来たんですか。

「抗議に来たいと。そういう話だったと思います」

――抗議はどういう内容だったんですか。

「佐藤の取材の方法が卑怯《ひきよう》だと。夜回り取材は卑怯であるとか、あるいは書かないと言っておいて書くのは後ろから人を斬りつけるようなものであるとか、おもには取材方法に関する抗議、クレームだったと記憶しております」

――誤報だという抗議は。

「記事の内容について、誤報だという主張はございませんでした」

佐々木氏は訴訟になってから、あの記事自体がでたらめ、道庁には要請も電話もしていない、と主張している。

──記事内容への抗議かどうか、あなたから確認しましたか。

「しました」

──どんな言葉で。

「かりに記事が誤報であるならば、この記事のどこが誤っているのか、どの部分が事実と違うのか、それをきちんと指摘してほしい、文書にして出してほしいと申し上げました」

──原告は何と答えましたか。

「記事への抗議ではないし、文書を出すつもりもありませんと、そのようなことをおっしゃっていました」

──いまうかがったような話だとすれば、わざわざ道新本社まで総務部長が来ることではないと思いますけれども。

「私もそう思いました」

──原告が帰ったあと、高橋本部長はどんなことを言われていましたか。

「編集局へ帰るエレベーターの中で高橋さんが、いったい佐々木さんは何を言いに来たんだろうね、高田君はどう思う、と言われた記憶はあります……出るはずのない知事サイドへの働きかけの記事が出てしまった、そのことで佐々木さんは芦刈本部長から叱責された。ですから、佐々木さんはおそらく道警組織内部に対して、(道新に)抗議をしてきたんだという姿勢を示す必要があったんだろうと思います。当時、私は高橋本部長に言いました。おそらく、佐々木さんは高橋本部長の名刺がほしかったんではないでしょうかと。道警に帰って、抗議に行ってきたことを示すために、それがほしかったんではないでしょうかと」

甲84号証についての尋問もあった。佐々木氏と北海道新聞社編集局の幹部らが、提訴前に三十数回に渡って行った秘密交渉の記録である。

私が証言したのは、こういう内容だ。

法廷にこの記録が出るまで、私は一連の秘密交渉をまったく知らなかった、と。交渉の中で北海道新聞側が「佐々木さんの言う書籍二冊の記述もねつ造だとわかった」と言っていること自体がねつ造だ、と。

――なぜ道新は(『泳がせ捜査失敗』の記事について)調査委員会を設けたんでしょうか。

「私の体験で言えば、初めに謝罪ありきだったと。調査する前に謝罪ありきだったと判断しています」

編集局の幹部は当時、「泳がせ捜査失敗」の記事について話を聞く、佐々木さんの件はクレーマーだから放っておく、と話していた。だから、書籍の記述について提訴前に社内で調査された者など誰もいない。

──本件訴訟で問題になっている（書籍二冊の）適示事実がねつ造であるということは（北海道新聞社の）調査委員会においていっさい断定されていないと？

「佐々木さんが指摘されている今回の（書籍の）問題について、当時の取材現場の記者が会社側から調査をされたという事実はありません。当時私たちは会社側に対して、佐々木さんはこういうこと（書面での謝罪等要求状）をくり返し言ってきているようだけれども、この問題についてはどうするんですかとたびたび尋ねています。会社側は、この問題はたいしたものでないから放っといていいんだ、君らには関係ないから放っておく（と言っていました）。だから（佐々木氏の件では）調査もされていません。その一方では、同じ時期に甲84号証で示されたやり取りが佐々木さんと北海道新聞幹部のあいだで行われていたことを私は（訴訟になって初めて知って）、ある意味、非常な衝撃を受けています」

前年の十二月に行われたこの「高田尋問」を最後に、訴訟の証拠調べは終わった。そして二〇〇九年の二月二十三日に行われた口頭弁論をもって、裁判は結審した。

その日、私はロンドン赴任を終えるにあたって、最後の片づけに追われていた。

世界的な金融街シティーに近い、ギルドホール・ヤードのブラックウェルハウス。建築から三〇〇年、四〇〇年になろうかという建物の中にあったロンドン支局は、私の勤務を最後に引き払うことになっていた。

リーマン・ショック後の不況で新聞広告は大きく減り、インターネットの興隆などもあって部数の減少も止まらない。北海道新聞だけでなく、どのマスコミにとっても経費節減が至上命題になっていた。

北海道新聞の欧州拠点は、パリ支局が先に閉鎖していた。ウィーン支局も閉鎖が決まっていた。ロンドン支局も、高い家賃のオフィスを維持するのが難しく、後任者からは住宅とオフィスが兼用になるという。

地方紙でありながら、北海道新聞が欧州各地の拠点を拡充できたのは、一九七〇年代から八〇年代にかけてのことだった。新聞の全盛時代である。その落日が確実に近づいている感覚があった。

支局の片づけといっても、大半は資料を捨てるだけである。「いつかは役に立つかもしれない」といった程度の動機で手もとに保管していた資料は山のようにある。しかし、「いつか」はこの先、めったなことでは訪れそうもなかった。

古新聞や雑誌、資料などをひもで束ねている、まさにその日に、札幌地裁では最後の口頭弁論があった。私は佐藤記者と連名で最後の陳述書を書き上げ、すでに送り終えていた。それはこんな書き出しで始まっている。

「本訴訟は約三年間の長きに及ぶ審理を経て、本日、結審を迎えることになりました。原告が訴えを起こしたとき、われわれは、なぜ訴えられなければならないか、理解できませんでした。何のための裁判か、そして、原告が指摘した書籍の四か所の記述がなぜ、原告の名誉毀損《きそん》になるのか、という疑問と戸惑いを抱きました」

「……しかしながら原告がこの間、荒唐無稽《こうとうむけい》な証言や書面、また現職、OB問わず多くの警察官を動員し協力させたりするなど、なりふりかまわず道新を責め立ててきた対応を見るにいたり、われわれは次のように考えるようになりました。つまり、道新の関係者を疲弊させ、混乱させ、道新に二度と警察に刃向かうような報道をさせない、そして、こうした対応を見せつけることで、全国各地で『第二の道新裏金報道』が出ることを防ぐ。それが、提訴前の長期に及ぶ交渉から本日までの、原告の真のねらいだったのではないか、と」

「原告が訴訟にいたった背景には過去の警察報道が大きく影響しているはずです。警察担当記者は、事件事故について、警察の発表を報じるか、もしくは発表前の情報を捜査員らから入手し、他社よりも少しでも先に報道することが求められています。しかし情報のすべてを警察が握っている以上、どうしても警察の機嫌を損ねる記事を書きにくく、長年警察と報道機関は『仲良しの関係』を続けてきました。そして、その関係が積み重なった結果、両者の関係は、警察が『あるじ』、報道機関が『したがう』という完全な主従関係になってしまったのだと思います。しかし、われわれは、その関係を変えようと思いました。捜査情報ほしさに相手に寄りかかり、寄り添い、いわば二人三脚で進んできた関係を、互いに対等な関係に戻そうとしたのです」

「警察は強大な組織です。一方、新聞は権力監視の役割を担っており、それなりの影響力を持っています。であるならば、相手に遠慮せず、悪いものは悪いと言いきる、そういう新聞に戻ろうと考えました。まさにその姿勢でのぞんだのがわれわれが行った道警の裏金問題です」

「ある道警幹部は、道警と道新記者との関係について『飼い主』と『飼い犬』と例えましたが、その例えに従えば、道警裏金報道は飼い犬から飼い主に対するある種の訣《けっ》別《べつ》宣言だったのです。記者と情報をコントロール下に置きたい道警にとってみれば、相当の危機感を抱いたことは想像に難くありません。中でも原告は以前、記者クラブを管轄する広報課長を経験し、裏金報道当時は広報課を所管する総務部長でした。長いあいだ、道新との関係に力を注いでいただけに、驚きというより、怒りを抱いたことでしょう」

「原告は裏金報道の当時、道警総務部長の立場にあり、芦刈勝治道警本部長とともに道議会や道庁、報道機関への対応などにあたっていました。まさに道民、国民に対し説明する責任があったわけです」

「しかしながら、原告は裏金の存在が報道によって指摘されながらも『裏金は存在しない』という、事実と違う発言をくり返し、一貫して不正を認めませんでした。結局、道警は原告が退職直前の二〇〇四年三月下旬、裏金づくりの一部について認め、原告は芦刈本部長とともに道民、国民に対し謝罪するにいたったのですが、裏金問題の解明に真摯《しんし》に向き合わなかった佐々木氏の言動は、国民、道民に対する背信行為であり、道警及び原告の社会的信用は地に墜《お》ちる結果となりました……道警の内部調査は、幹部の多くが裏金に関与していたと認めています。それなのに、原告だけが、裏金の存在を知らなかったと言いきったわけです。これを虚言と言わずして何と言うのでしょうか」

「……一部の道警幹部や多くの現場の警察官からは、報道を強く支持されていましたし、裏金を隠蔽《いんぺい》しようとする上層部の考えに逆らって多くの情報も寄せられました。あれほど長きに及んだ報道は、そうした組織内部の声がわれわれに届いたからこそ、成り立っていたのです。『警察は正義を貫く組織であるはずだ』という、組織内部のうめくような苦しみを、原告はいったい、どういう思いで聞いていたのでしょうか」

報道機関と権力の対峙《たいじ》はジャーナリズム史の中で幾度となくくり返されてきた。権力との緊張関係があってこそ、国民の負託に応《こた》える報道は成り立つ。「なあなあ」の関係はもうおしまいにしなければ。

私たちの最終陳述書には、こんな言葉が連なっていた。裁判の争点に関しての言及というよりも、自分たちが追い求めていた「理想の姿」を叩《たた》きつけていた。肩に力が入った文章ではあったが、「それに尽きる」という揺らぎのない思いがあった。

一方の佐々木友善氏も最終陳述書で、思いの丈をぶつけていた。佐々木氏は「一市民」「個人」の立場を強調しながら訴訟にのぞんでいたが、私から見れば、彼もまたその背に強大な組織を負っていた。

その佐々木氏は最終の陳述書において、甲84号証が示す秘密交渉に何度も言及し、こう記している。

「……それどころか私が提訴して事実関係を明らかにしたいとの姿勢を示したところ、編集局次長兼報道本部長である早坂実氏、常務取締役編集局長である新蔵博雅氏の二人による執拗《しつよう》な、提訴を断念させる工作が始まったのです。この工作はまさに『脅し』という内容でありました。記事は虚偽ではないが、道新は『詫《わ》び状を書く』、道新の『公式顧問に就任してときどき意見をほしい』などという懐柔工作を始めたのです。私がこれに応じないと見ると今度は一転して脅しにかかりました」

その「脅し」とはどんなものだったか。佐々木氏は密《ひそ》かに録音した音声を文字に起こし、いくつかを強調する形で陳述書に記している。それによると、早坂氏や新蔵氏が言い放ったとされる言葉は、たとえばこんな文言である。

「裁判になれば行き着くところまで行かなきゃいけない」

「そうやってこだわり続けることが佐々木さんのこれまでの警察官人生の集大成としてふさわしいのか」

「私は法廷に出ないと思います、最後まで。編集局長じゃなくなるかもしれない。佐々木さんはずっと出ないといけない」

「とことん岬の果てまで行って、最後は岬の果てから飛び込むのか」

こうした道新側の言葉を引用しながら、佐々木氏はこう書いている。

「道新は組織の力で、弱い立場の個人である私をとことん追い込むから、提訴を取り止めないならば、いかなる事態が生じるかわからないぞ、という脅迫でした」

そして陳述書の大半は、北海道新聞はおごり高ぶっている、日々の報道についても真摯に真剣にもっと反省せねばならない、というトーンで貫かれていた。

「道新のこの提訴にいたる過程の対応は、虚偽の主張をした上、相手を脅すという不誠実きわまりないものであり、社会正義に著しく反した対応であります。また訴訟にいたってからの虚偽主張は『報道機関としての資格』そのものが問われるものであります。この姿勢は、報道機関の公共性や公益性をかなぐり捨てた、読者に対する背信行為であることを強く指摘したいと思います。ましてやこのような虚偽報道で、新聞協会賞を含む数々の賞を受賞したことには驚きを禁じ得ません」

ロンドン勤務から東京勤務に戻ってしばらくすると、幾人かの先輩や後輩が「あの裁判、どうなっているんだ？」「会社とこれだけこじれて、おまえはどうするつもりだ？」と聞いてきた。真正面からの質問に対しては、自らの経験と考えを丁寧に説明したつもりである。

一方では、私自身が「いつまでこんなことをやっているのか」という気持ちを次第にふくらませていた。裏金報道そのものを知らない若い記者も増えている。

いつまでも裏金報道ではあるまい、自分のやりたい報道はほかにもある。ごたごたと早く縁を切って、新しい仕事にのめり込みたい、と。

そんなころ、札幌へ出かけ、ある若い記者と酒席をともにしたことがある。入社二、三年の記者だった。

ススキノのバーのカウンターで彼は言った。

「先輩たちの裏金報道はすごいと思いました。入社前でしたが、あこがれました。でもいまはちょっと違うんです。自分は調査報道をやりたいとは思いません」

どうして。

「だって社内では調査報道をやろうという雰囲気、全然ないじゃないですか。社内では、あんな危ないものは手を出すな、みたいな気分が充満しているじゃないですか。あんな調査報道なんて、まったく評価されていないじゃないですか」

彼とのあいだでは、食肉偽装をめぐる報道の顛末《てんまつ》も話題になった。

北海道苫小牧市の食肉加工会社の「食肉表示偽装事件」を、朝日新聞が調査報道によってスクープしたのは、二〇〇七年夏のことだ。ちょうど、道警裏金報道後に北海道新聞社が迷走を続けていた時期にあたる。

スクープは食肉会社の元常務が情報を朝日新聞に持ち込んだことから始まっている。そして、元常務はそれより先に、北海道新聞にも同じ情報を提供していた。ところが、北海道新聞は記事にしなかったのだという。

この経緯は朝日新聞の報道後、内部告発者の元常務が雑誌のインタビューや自著で明らかにしている。

北海道警察の裏金問題の端緒となった旭川中央署の内部告発が、北海道を飛び越えて遠い東京のテレビ朝日に持ち込まれたように、地元最大のメディアはふたたび「しょせん、道新は権力と二人三脚」「内部告発の受け皿ではない」「調査報道に不熱心」と思われるようになったのかもしれない。

ススキノで遅くまで飲みながら、彼は「記者って、楽をしようと思えば、いくらでも楽できますよね」などと話し続けていた。そうじゃないんだと言い返しはしたが、彼の胸に響いたかどうか、自信はない。

入社数年で退社した別の若い記者からは、こんな電子メールをもらった。裏金報道の最中《さなか》、私は各地の大学などでたびたび講演する機会があった。この記者はそれを聞いて北海道新聞にあこがれ、縁もゆかりもない北の大地にやってきた。

「でも実際の職場は、高田さんが話していた感じとは違ったし、私の想像とも違っていました。退社理由はそれだけではありませんし、自分の努力も足りなかったとは思いますが」

先輩たちからの厳しい言葉もあった。

「高田も佐藤も自分たちだけが正しいといった顔をしている」「裏金報道は警察取材の根本を変えるような報道だ。影響は本社だけでなく、北海道新聞の全部の取材現場に及んだんだ。それがわかっていながら、君は本社に陣取って、地方支局や地方報道部の苦しみに耳を傾けなかった。だから独走したと言われるんだ」

全社の警察担当デスク・キャップ会議の場でたびたび説明したじゃないですか、と反論すると、「でも組織はそうじゃない。忙しかったのかもしれないが、丁寧に地方を行脚すべきだった」との答えが戻ってきた。

会社幹部とのもつれた関係について、「おれにまかせておけ」という先輩も何人か現れた。いまの状態は正常ではない、誰かが解決に動かないといけない、おれが橋渡しをしてあげよう、と。その善意に疑いはなかったが、具体的な動きは何もなかった。

ロンドン支局時代も国際部デスクになってからも、私は折に触れ、「甲84号証の裏交渉、あれは結局、何だったのですか。自分は当事者だから聞く権利があるはずです」と会社の幹部たちに問うていた。それは佐藤記者も同じである。

しかし、誰一人、真正面から説明してくれる人は現れなかった。「いまは時間がない」「おれの担当じゃない」。そんな言葉をいったい何度耳にしたことか。

それに、秘密交渉が行われたときから四年ほどが経過し、佐々木氏との交渉にあたった人たちは多くが人事異動でポストを変わってしまっていた。他人《ひと》ごとになるのも無理からぬことだったかもしれない。

ロンドンから戻ったあと、東京・湯島の小料理屋で、ある人物に会った。

東京に本社を置く企業に在職中、彼は上層部の不正を知り、幹部として職場にとどまりながら内部告発を続けた。わずかながら会社の株を持っていたため、株主代表訴訟も起こした。

「組織はトップで変わる。それは事実だ。おれもそう思っていた。それで可能な範囲でできることをやって、社長は退任した。社長のお側用人も失脚した。でもな、気がついたら、まわりはみんな、社長と同じ顔になっていたんだ。わかるか？　社長は失脚しても、いつの間にか、社長と同じような人物があとにいっぱい続いていたわけよ」

北海道新聞社の幹部たちの多くがこの問題に背を向ける中、編集局長だった新蔵博雅氏だけは私の前にきちんと座ってくれた。

機会は二度あった。

最初は甲84号証の記録が明らかになって一か月ほどしか過ぎていない、二〇〇八年七月十六日である。訴訟の開廷日に合わせて帰国した際のことだ。

JR札幌駅に近い札幌全日空ホテルの二五階にある和食料理の「車屋」。夕方、その料理店の個室の座敷で、私は新蔵氏と向き合った。新蔵氏はすでに北海道新聞社を去り、系列のテレビ局・北海道文化放送の社長になっていた。

部屋まで同じかどうかは判然としないが、ここは奇《く》しくも、芦刈勝治氏が北海道警察の本部長に就任した際、北海道新聞の警察担当記者らと個別に懇談を開いた店である。

新蔵氏と会ったときの私は、激しく憤った記憶しかない。

新蔵氏は最初、裏交渉など知らないと言った。裁判に出た資料の束を突きつけると、おぼろげな記憶はあると言った。そして早坂氏らがここまでひどい交渉をしていたとは、当時は知らなかったと釈明した。

そういった言葉の数々に、私はさらに怒ったように思う。

早坂さんたちは、編集局長の部下だったわけでしょう。知らなかったとしたら、新蔵さんも許せないでしょう。仲間を警察に売り渡すような交渉をあなたの部下がやっていたんですよ。本当に知らなかったと言うなら、いますぐ携帯から電話をかけてください。彼らをここに呼びつけてください。呼んで、事実を問い質《ただ》してください！

「まあ、そう言うな、高田君よ」

新蔵氏はあれこれと説明を続けていた。言葉の数は多かったが、とても納得できる内容ではない。

私はさらに怒った。

新蔵さん、恥ずかしくないですか。こんな交渉をやって恥ずかしくないですか。編集局長のとき、裏金報道はすごい、画期的だ、これぞ道新だ、ひるまずに続けろと鼓舞してくれましたよね。あれは何だったんですか！

「確かに君の言うこともわかる。痛いほどわかる。怒りはもっともだ。ただな、おれも苦しかった。編集局長だなんだと言ったってよ、たんなるサラリーマンなんだぞ。司《つかさ》、司の世界だ。それくらい、組織人ならわかるだろう。それにあのとき、おれは高田君やハシメ（佐藤記者）を守ったんだ。新聞協会賞や菊池寛賞や、もらった賞を全部返上しろと、そういう声まで社内から出てきた。あの二人を厳しく処分しろとか、辞めさせろとか、もっとひどい声もあった。でもそれは違うと、おれは突っぱねた。守ったんだ。それは理解してくれているだろう？　あの局面で精一杯、守ったんだ」

　裏交渉は社長の指示だったのか。菊池育夫さんの指示だったのか。そう問うた私に、新蔵氏は答えた。

あ、うんの呼吸だった、と。

　その答えに私は爆発した。

　社長の指示があったとしても、報道機関として、やってはならないことがある。あの交渉で北海道新聞社は自殺したんです。雑誌にも「道新と道警の手打ち」とか、「新聞が死んだ日」とか、さんざん書かれたでしょう。それに新蔵さん、北海道新聞社を去ったとはいえ、あなたはいま、報道機関の社長じゃないですか。テレビ局のトップじゃないですか。恥ずかしくないですか。こんな交渉をやる人物が報道機関のトップに座っていていいんですか。恥ずかしいと思うなら、いまここで辞表を書いてください！　その代わり、私も辞表を書く。書いてください！

　私はとなりにいた佐藤一記者に「おい、紙を出してくれ。辞表を書いてお互いに交換する！　紙を出せ」と大声を上げた。

　もうやめてください、高田さん、やりすぎです。言いすぎです。新蔵さんはちゃんと対応してくれているじゃないですか。みんな逃げているのに新蔵さんは、こうやって顔を出してくれたじゃないですか。

その佐藤記者の言葉がなかったら、私はおそらく、収まることがなかった。

確かにみんなが背を向ける中、新蔵氏だけは私や佐藤記者と対峙《たいじ》してくれた。

別れ際、「もう一軒、行くか」という誘いを断って、私はタクシーに乗る新蔵氏を見送った。

新蔵さんは決して悪い人ではない、と思った。新蔵さんだけでなく、悪人はどこにもいないのかもしれない、とも感じていた。

札幌地裁で判決があった二〇〇九年四月二十日、私は休暇を取って法廷に出向いた。

原告席に佐々木友善氏と代理人の姿はない。負けを覚悟して、閉廷後に記者たちに囲まれるのを嫌ったのだろうな、と思った。私もかすかな不安を抱えつつ、「こんな裁判で負けるはずはない」と信じていた。

だから、竹田《たけだ》光広《みつひろ》裁判長が「被告は……金員を支払え」という判決主文を読み上げたとき、金額や細かな文言を聞き逃した。敗訴を実感したのは、札幌地裁の弁護士控え室に戻り、みんなが沈痛な表情になっているのを目のあたりにしてからである。

判決は午前一〇時に言い渡しがあり、各紙は夕刊でいっせいにその内容を報じた。

北海道新聞の記事は第二社会面の片隅に小さく載っている。引用しよう。

道警の裏金問題を扱った二冊の書籍に事実と違う記述があり、名誉を棄損されたとして、元道警総務部長の佐々木友善氏が北海道新聞社と同社記者、出版した旬報社と講談社(ともに東京)に六〇〇万円の慰謝料などを求めた訴訟の判決が二十日、札幌地裁であった。竹田光広裁判長は三社と記者に計七二万円の支払いを命じた。

竹田裁判長は問題とされた記述のうち、元総務部長が当時の本部長から「下手をうってくれたな」などと叱責されたとされる二つの記述について、「本部長室前の共用スペースで叱責があった、と主張した点は不自然で信用できない」などと判断。他の一つの記述も含めて「真実と信じる相当の理由がなく、原告の社会的評価を低下させた」と述べた。

佐々木氏は謝罪広告掲載や書籍の回収も求めていたが、竹田裁判長は問題の記述は「書籍の主要部分とは言い難い」として退けた。

判決について旬報社は「エピソード的記述を名誉棄損と判断し、記述の裏づけを出版社に課すなど、言論・出版活動に重大な影響を及ぼす不当な判決。控訴を検討したい」とし、講談社は「道警による一連の不正経理とそこに関わった幹部の実態について、あまりにも認識を欠く判決」とコメントした。

北海道新聞社の吉岡孝修報道本部長の話　当社の主張が認められなかったのは遺憾で、控訴する方針です。

佐々木友善氏の話　記事が真実ではないと認められたのは当然。道新と記者は真実を報道するという原点に立ち戻るよう望みます。（引用終わり）

判決のあった午後、佐々木氏は札幌司法記者クラブで記者会見を開いた。

同時刻、私たちは札幌弁護士会館で記者会見を開き、そのまま「裁判を考える会」というシンポジウムに移行した。被告席で一緒だったジャーナリストの大谷昭宏氏、作家の宮崎学氏、裏金を実名告発した原田宏二氏、弁護士たち、それに私と佐藤記者。それぞれが熱弁をふるった。

ところが、記者会見の際もその後も、会場にいる現役の新聞記者たちからほとんど質問が出ない。見渡すと、知らない顔が大半である。それに全国紙の記者はみな、じつに若い。彼ら彼女らは短ければ一、二年、長くても三、四年で転勤していくから、裏金報道が沸騰していたときのことは実体験として知らないのだろう。

時間は確実に過ぎ去った。

裁判はこのあと、どっちが勝っても負けても最高裁まで行く。それは確実だったし、法廷内での最終決着には、もう数年が必要だろう。

それとは別に、私にはやるべきことが残されていた。

真実

――札幌、二〇一一年

二〇一一年八月のある午後。

札幌市中央区の地下鉄東西線西28丁目駅で車に乗り、私は都心からはずれた待ち合わせ場所を目指していた。

北海道神宮の杜を左手に見て、野球場や陸上競技場をやり過ごす。札幌は人口約一七〇万人の大都会とはいえ、都心を離れると、とたんに自然が広がる。

この日、札幌はよく晴れていた。北国は、お盆を過ぎると空が急に高くなる。待ち合わせ場所で車を降りると、赤とんぼが飛びかっているのも見えた。

「そちらですよ」

玄関を入ると、そう促された。左手側へ進み、扉を空ける。広々した和室、横につなげた座卓が二つ、それを取り囲む紺色の座ぶとん。座卓の一番奥の角のところに彼は座っていた。

カバンを置き、名刺入れを取り出す。「北海道新聞記者」という肩書きのない、横書きの名刺である。

北海道新聞社を去って、まだ一か月あまりしか経っていない。肩書きがまったくないのが不安で、名刺の片隅に「ジャーナリスト」の文字を入れてみた。ところが、「ジャーナリストの高田です」の「ジャーナリスト」という言葉がいつもうまく出てこない。舌を噛《か》みそうになる。

この夏の午後もそうだった。だから無意識に「ジャーナリストの」は省いたのかもしれない。

「いっぺん会いたいと思っていました。高田です」

名刺を差し出すと、彼、稲葉圭昭氏は少し眺めて、ポロシャツの胸ポケットにしまい込んだ。少し照れたような笑みもこぼれた。

稲葉圭昭氏は北海道警察の元警部で、「銃器摘発の神様」「暴力団捜査のエース」と呼ばれた人物だ。実際、年間に数丁を摘発すれば凄腕《すごうで》と言われるこの世界にあって、稲葉氏は八年間で百数十丁もの拳銃《けんじゅう》を摘発した実績を持つ。

しかし、暴力団との距離が近くなりすぎ、彼はいつしか薬物に手を染めた。覚せい剤の所持・使用などで逮捕、起訴されたのは、二〇〇二年七月。その後、懲役九年の実刑判決を受けて千葉刑務所に服役し、仮釈放で出所している最中だった。

目の前の稲葉氏は柔道の猛者《もさ》だっただけあって、半袖《はんそで》から出た腕は丸太のように太い。耳も潰《つぶ》れている。「暴力団も顔負け」という世評に違《たが》わず、風貌《ふうぼう》は迫力があった。

私が知りたいのは、「泳がせ捜査失敗」の記事に関することがらだった。

二〇〇五年三月十三日、北海道新聞の取材班は「道警と函館税関『泳がせ捜査』失敗」「覚せい剤一三〇キロ、道内流入?」という見出しの記事を掲載した。覚せい剤一三〇キロと大麻二トン。北海道警察と函館税関が泳がせ捜査に失敗し、信じられないほど大量の薬物を国内に流入させた、という内容だ。この事件に深く関与していたのが、目の前の稲葉氏である。

記事は掲載後、道警からの激しい抗議を呼び込んだ。道警は「ねつ造だ」「そんな事実はまったくない」と言いつのった。そして、この記事を軸として、ぐるぐる回りながら落ちていくかのごとく、北海道新聞社は権力にひれ伏し、崩れ落ちた。

甘いものが好きで、アルコールはいっさい受けつけない。風貌に似合わず、稲葉氏はそんなことを言う。

爽《さわ》やかな夏の午後。

文字通り、撫《な》でるような風が網戸を抜けて入ってくる。そして時間がたつにつれ、稲葉氏はしだいに饒舌《じょうぜつ》になってきた。話疲れると、大きな身をかがめるようにして、ストローに口をつけた。コーラだったかジュースだったか。いずれにしろ、甘い飲み物である。

「……自分が摘発した拳銃のうち、端緒になる情報を得て、突き上げ捜査をやって、そうやって本当の捜査で摘発したのは二丁しかないんだよね。たった二丁。その二つ、よく覚えていますよ。両方ともトカレフでね。一つは旭川で、もう一丁が札幌。旭川は拳銃マニアだったかな。もう一丁の札幌は犯人のお母さんが（札幌近郊の）茨戸《ばらと》の池に捨てたの。機動隊が探して、見つけたの。それは本当に、ちゃんと正式な捜査なの。それくらいしかないんだ」

稲葉氏が摘発した百数十丁の拳銃のうち、本当の摘発は二丁しかなかった、と言うのである。あとはすべてやらせだった、と。

拳銃はたいてい、事前に暴力団関係者から届けさせ、隠れ家として使っていたマンションの一室に隠しておいた。道警庁舎内のロッカーや机に放り込んでおいたことも珍しくないという。拳銃を届けさせる力の源泉は、暴力団関係者の内部に深く築いた人脈であり、カネの力であり、ほかの犯罪を見逃すといった取引だった。

「で、今月は捜査の強化月間だからとか、そんなことがあれば、その銃を出して駅のコインロッカーに入れて、そしてやった、やった、摘発したぞ、と。やらせだよね。みーんな、やらせ。会社（道警）の連中、みんな、知ってるさ。よく頼まれたんだ。摘発の強化月間なのに一丁も挙がらない、恥ずかしくて署長会議に行けない、だから稲葉、頼むから拳銃をくれ、とか。そんなお願い、何度もこなしてきたから」

日本社会は当時、銃犯罪の多発が大きな問題になっていた。國松孝二《くにまつたかじ》警察庁長官が狙撃《そげき》されて重傷を負い、拳銃強盗も多発した。

それを防ぐため、「平成の刀狩り」と呼ばれた体制が敷かれていく。警察庁の指導で各地の警察に銃器対策の専門部署ができた。新しい部署ができると、実績が必要になった。北海道警でその中心に抜擢《ばってき》された稲葉氏にも、ひたすら実績が要求された。

「自分はススキノにいて、ヤクザもんの相手ばっかりしてるんだけど、たまに庁舎に戻ったときなんかには、言われるわけ。おい稲葉、めったに来ないからと言って、小さくなる必要ないぞ。おまえが拳銃をいっぱい出してくれるおかげで、捜査費がいっぱい（警察庁から降りて）くるんだから、ってね。もちろん、みんな裏金になって、上が勝手に使ってるんだけどね」

そうした日々の中で、事件は起きた。

覚せい剤一三〇キロ、大麻二トン。札幌市の北側、日本海に面した石狩湾新港から陸揚げされ、国内に流入したという、空前の量の薬物。覚せい剤だけでも数百万回の使用が可能という、想像も難しい量である。

あの事件はいったい何だったのか。

夏から秋、そして冬にかけ、私は場所を変えながら何度も稲葉氏に会った。ICレコーダーに記録された野太い声は、相当の時間になった。

そして浮かび上がったのは「事実はあの記事よりすさまじかった」ということである。

石狩湾新港で陸揚げされた薬物は、「泳がせ捜査失敗の結果」などという、生やさしいものではなかった。最初から薬物の流入を黙認する、一種の密輸事件だったのである。

稲葉氏の説明は詳細だった。日を変えて同じことを聞いても、話にまったくぶれがない。証言を裏づけるメモもあった。だから、「覚せい剤一三〇キロ、大麻二トン」の裏に隠されたできごとには、心底、震える思いがした。

稲葉氏の証言はこうだ。

最初、ある暴力団関係者が「薬物の密輸を何度か見逃してほしい。警察に守られているとなったら安心だ。その代わり、何度目かに大量の拳銃を入れるから、道警はそこを摘発すればいい」と持ちかけてきた。「おやじは銃器対策の刑事だから、拳銃が挙がればいいんだろう？　拳銃は出す。その代わり、クスリを見逃してくれ」と。稲葉氏がその計画を上司に伝えると、「ああ、わかった」と了解があり、計画は動き始めた。

二〇〇〇年四月、輸入関連書類に「玩具《がんぐ》」と記された覚せい剤一三〇キロが、石狩湾新港で陸揚げされた。覚せい剤は暴力団関係者が車で本州へ運んだ。二回目は七月。今度は「箸《はし》」と偽った大麻二トンが同じ港から入った。いずれも香港から釜山《プサン》経由の密輸である。

「ところが」と稲葉氏は言う。

「逃げたんです、やつら」

三回目に来るはずだった拳銃一〇〇丁が、いつまでたっても香港から届かない。

大量の薬物を手に入れた暴力団関係者は、わざわざ危険を冒さなかったのである。道警と税関はまんまと騙《だま》された。

その後、稲葉氏は銃器や薬物の捜査からはずされ、二年後、覚せい剤の使用・所持などで逮捕、起訴され、有罪になった。カネや取引を通じて暴力団との関係をますます深めた中での転落だった。

そんな稲葉氏を道警は切り捨てた。やらせ捜査の数々が発覚することを恐れ、稲葉氏個人がどれほどの悪徳だったかをマスコミ各社に喧伝《けんでん》した。刑事裁判の法廷では、検察側がそれをさらに強調した。

じつは、稲葉氏は自身の刑事裁判で、道警がいくつものやらせ捜査に手を染めていたことを明らかにしている。二〇〇〇年に石狩湾新港で大量の薬物を流入させたことも、概略は法廷で説明している。

しかし、それが大きく報道されることはなかった。

取材班が「泳がせ捜査失敗」の記事を書いたとき、稲葉氏は千葉刑務所に服役中だった。その稲葉氏が目の前で語る真実。話を聞けば聞くほど、事実と当時の記事の差が見えてくる。

大量の薬物は最初から国内に流入させるつもりだった、と。暴力団関係者と事前に打ち合わせをくり返し、薬物の密輸に協力したのだ、と。そして、あの記事には登場しない「拳銃《けんじゅう》一〇〇丁」を道警は手にすることができなかったのだ、と。

稲葉氏の証言を聞きながら、私は二〇〇五年秋のできごとを思い出していた。「泳がせ捜査失敗」の記事で道警に謝罪しなければならない、と編集局幹部が慌ただしく走り回っていた時期のことである。甲84号証に記された秘密交渉が激しさを増していた時期とも重なる。

その晩、私は東京・神田の居酒屋で同僚と一緒に席に着いた。数々の調査報道を手がけてきた記者である。裏金や覚せい剤の取材にはかかわっていなかったが、道警内部に深いパイプを持っていた。

「あの記事、取材の組み立てはどうだったんですか」

彼はそう尋ねた。

私が深く信頼する彼は、目の前で背を屈めるようにしている。ジャンパーのような上着を羽織ったままだった記憶もある。寒い日だったのかもしれない。狭い店内の装飾は素っ気なく、サラリーマンが疲れを吐き出すのにふさわしい店だった。

長々とした私の説明を聞き終えた彼は、やがて言った。

「気になる点があります」

そして彼なりに気づいた点を指摘した。私はさらにあれこれと説明したと思う。それでも彼は、言葉を重ねた。ここが気になります、と。

稲葉氏の口から直接、当時の真相を聞き終えたいま、私は率直に認めなければならない。同僚の眼力は正しかったのだ。

稲葉氏の証言による事件の真相は、われわれの取材の結果をはるかに上回る内容だった。

調査報道は絶対に隙をつくってはならない。どんな些細《ささい》なことも見逃してはならない。自信があっても、もう一度、さらにもう一度、裏づけを取らなければならない。ほんのわずかな隙であっても、そこを突破口にして権力は巻き返しを図ろうとする。

薬物の大量流入が「泳がせ捜査の失敗」ではなく、警察と税関が陸揚げを見逃すのを前提とした「密輸」だったことを知っていた道警は、おそらく、当時の記事から見抜いたのだろう。

北海道新聞の取材班は、薬物流入事件の本当の姿を知らないな、と。外形的事実は把握していても、あれが「薬物の密輸」だったとは気づいていないな、と。「密輸」のあとには、拳銃一〇〇丁を運び込み、水際で取り押さえる「やらせ捜査」の計画があったことを知らないな、と。

一年以上に及ぶ裏金報道の中で、道警は嘘を重ねていた。真相を隠し続ける警察、追及を続ける新聞。その構図は完全にでき上がっていた。

だからこそ、道警は組織を挙げて、北海道新聞に対する反撃の機をうかがっていたはずだ。その最中《さなか》に掲載された「泳がせ捜査失敗」の記事は、彼らには好機到来と映ったに違いない。

そこに道警はつけ込んできた。

稲葉氏が出所する前に、われわれ取材班が「薬物の大量流入事件は泳がせ捜査の失敗ではなく、道警と税関が暴力団関係者と一緒になってしくんだ『密輸』だった」と踏み込むことができていれば、権力と新聞の関係は、ここまで変質していなかったかもしれない。

ほんのわずかな隙間に、道警は忍び込み、逆襲を始めたのである。

「泳がせ捜査失敗」の記事が示した以上の、稲葉氏の告白。

覚せい剤一三〇キロと大麻二トンという膨大な薬物の「密輸」。

やらせ捜査で拳銃一〇〇丁を摘発するために、見返りとして警察組織が「密輸」に関与するという事態。

そこまでを暴くことができなかった当時の取材。

いろんなものがない交ぜになりながら、私は稲葉氏との接触を続けていた。

稲葉氏に最初に会った夏の日。その最後に私は尋ねた。

稲葉さん。稲葉さんにとって、道警って何でしたか。組織って何でしたか。

少し間が空いたと思う。録音を聞き直しても、なかなか言葉は出てこない。

「……自分のやってきたこと考えると……なきゃならないところで、なくてもいいとこじゃないですか。組織、組織ってみんな言うけど、得体の知れない化け物です。現役時代は、まるで生きてるように思ってましたし……」

間違う日にも同じ質問をぶつけた。そのときは札幌中心部の雑居ビル。窓からは商店街を行きかう人々が見下ろせた。

「昭和から平成になって銃犯罪が増えて。で、突然、銃器対策課ができて、そこに自分が呼ばれた……ってことは、自分の実績を買われたと思うでしょ？　じゃ、頑張ろうって思うでしょ？　みんな同じだと思いますよ。記者さんだってそうでしょ？　そのへんの気持ちはまったく同じだと思うよ。真実を報道してね、それがね……でも」

でも、と言って、稲葉氏は二〇〇五年三月十三日朝刊に掲載した「泳がせ捜査失敗」の記事に触れた。

「でも、あの記事を信用してくれる人はたくさんいるでしょ？　（高田さんたちは）何かを失ったかもしれないけど」

本当に仕事が好きだったと稲葉氏は言う。道警が人生のすべてだったとも言う。仕事が好きだったから、大きな期待もかけられたから、それにこたえたいと思った。もちろん、功名心もあった。それが組織人としての生きかただったとくり返した。

稲葉氏は刑期が終わったあと、自身の体験を綴《つづ》った『恥さらし』という書籍を講談社から出版した。「泳がせ捜査失敗」の記事には、あれほどの猛抗議を続けた北海道警察は、この書籍には何の反応も示さなかった。「泳がせ捜査失敗」どころではない、それよりもはるかに深い組織の闇を明るみに出したこの書籍に対しては、ついに無視を貫き通した。

稲葉氏への取材が続いていた二〇一一年十月の朝。一通の電子メールが私に届いた。いつもの彼らしく、いきなり本題である。

「高田さんにいたっては、私のために職を辞された方。おそらく私の存在がなければ……。申し遅れましたが、たいへん申し訳ありませんでした」

直接の返事は書かなかったが、私はこう言いたかった。

稲葉さん、そんなことはありません。そんなことで会社を辞めたわけではありません。「泳がせ捜査失敗」の記事や甲84号証が示す裏交渉、それだけでは辞めようと思いませんでした。うまく説明できませんが、もっと根源的な、しかし漠然とした思いが積み重なった結果のように思います──。

北海道警察の総務部長だった佐々木友善氏が原告となった裁判は、その後、札幌高裁で控訴審が争われた。私を含む被告側は控訴審でも敗訴、最高裁へ上告したが、二

○一一年六月十六日、最高裁第一小法廷は、上告を退ける決定を下した。
佐々木氏も控訴、上告を行っていた。その主張はおもに「判決主文では勝ったのに、訴訟費用の負担割合が原告九割という判断はおかしい」という内容だった。その主張も札幌高裁、最高裁は認めなかった。

一審判決から上告までのあいだ、私は訴訟準備のため、札幌と東京を何度も往復した。関係する弁護士だけでも、東京に五人、札幌に四人いる。一審のときは遠いロンドンにいて、もどかしい思いをした。それを取り返さねば、という気持ちもあった。

弁護団会議は幾度となく開かれ、作戦を練った。

ただし、そうした場に在席するのは、いつも「北海道新聞社以外」だった。会社の法務担当者たちは、まったくと言っていいほど姿を見せない。だから、関係者が一堂に会した正規の打ち合わせは、ついぞ開かれることがなかった。

そんなある日。

控訴審に向けて提出書類を準備していたときだったと思う。東京・赤坂のホテルの一室で、佐藤一記者と裏金取材当時の記憶を思い起こし、それを整理する作業を続けていた。

ところが、当時のことを正確に思い出せない部分が出てきた。

どうなっているんだ？　いったい、どうなっているんだ？

きつい言葉ではなかったつもりだが、私は幾度となく佐藤記者に向けて問いをくり返した。彼は自分が責められたと感じたに違いない。しばらくして彼は言った。

ここも被告席ですか。ここでも被告にならなきゃいけないんですか。

深夜一時過ぎの客室。お茶のペットボトルが空になって、部屋に何本か転がっている。

長い沈黙が続いた。

土台、無理な話なのだ。

その時点で六年も七年も前のできごとをきちんと思い出せ。時間も場所も細かなことを全部証明しろ。

そんなことができるはずがない。

怒濤《どとう》のような裏金報道が始まり、まともに睡眠も取らずに記者が走り回っていたころのできごとだ。そんな日々の中で起きた、些末《さまつ》なエピソード。それらを記憶にもとづいてすべて正確に再現せよ、というのは人間にできることではない。

ましてや佐藤記者は私のロンドン赴任中、社内の不条理を一身で正面から受け止めてきたはずだ。事実と違うぞ、佐藤。記録と違っているぞ、佐藤。そうした質問を彼はもう、十分すぎるほど浴びていた。

深夜の客室で、彼はやがて言った。

高田さん、続きをやりましょう。

最高裁決定で上告を退けられた際、私と佐藤記者は連名で「非常に残念な結果ではありますが、これにひるむことなく、種々の形で権力監視型の調査報道を続けていきたいと思っています」というコメントを発表した。多くの新聞、テレビはそれを引用したが、北海道新聞は一行も使わなかった。十分に予想できたことだった。

会社の法務担当者も、この裁判を見続けた司法担当記者も、みんな入れ替わっている。提訴から最高裁決定まで、費やした時間はすでに五年間に及んでいた。

そのあいだに、私の目に映る編集局も大きく変わった。

ひとことで言えば、みんな丸くなった。議論を好まず、編集局から喧騒《けんそう》が消えた。かつてと比べると、段違いな静けさを前に「IT企業のようだ」と評した先輩もいる。紙面の活《い》きのよさも急速に薄らいだように、私には映っていた。

組織改編があり、編集局からいくつかの部が消え、統合された。人員の削減は続き、どの部署も忙しさだけは倍加した。そうした中で、五年間に約一〇回の大規模な人事異動があった。

私自身は国際部勤務のあと、本社運動部次長になった。

私はスポーツ取材の経験がまったくない。新人のころ、誰もが一度は経験する高校野球の予選の取材すら、偶然が重なってほとんど取材の機会がなかった。

運動部の若い記者たちには学生時代にスポーツにのめり込んだ者も多かった。彼らはみな明るく、元気だった。そうした記者たちに的確な取材指示を出せない自分に、深く落ち込んだこともある。

佐藤記者はその後、東京支社の社会部から本社編集本部へ異動した。一部員として自身より相当に年次が下の若い部員と机を並べ、地域ごとのニュースを載せる「地方版」の見出し付けやレイアウトを担当している。外の取材に出る機会は少ないが、調査報道の熱意は薄れていない。

裁判で証言台に立ってくれた、裏金報道時の道警サブキャップ中原洋之輔記者は、オホーツク地方の美幌《びほろ》支局に異動し、支局長として地域住民と接する日々だ。

彼はまた、最高裁で民事裁判の最終結論が出る直前、「偽証罪」で佐々木氏から刑事告発され、札幌地検の取り調べを受ける身にもなった。告発によると、中原記者は法廷で明らかな偽証を行ったとされ、刑事罰に処することが相当だという。

告発を知ったとき、私は「いったい、どこまでやるつもりか」と怒りに震えた。やがて、私も参考人として札幌地検で事情聴取を受けた。

若い検事に向かって、こんな案件を受理して捜査する余裕があるんですか、世の中にはもっと大事な事件があるでしょう、と思わず言い放ってしまったが。

裏金取材で重要情報を次々と入手した女性記者は北海道新聞社を辞め、朝日新聞社へ移った。当時、最も若かった新人記者は会社を去った。いまは本州で教職に就いているという。裏金報道のとき東京の警察庁を担当し、長官会見などで鋭い質問を連発した記者も会社を辞め、埼玉県に移り住んだ。「東京広告問題」のとき、経営陣を鋭く追及した労組委員長は、私の五年先輩だった。その先輩記者も会社を去った。

そのほかの裏金取材班メンバーは会社に残り、それぞれの部署で働いている。

私は最高裁の決定が出た直後、二〇一一年六月末に北海道新聞社を依願退職した。編集局では当時、東日本大震災や福島第一原子力発電所の事故をめぐって、大わらわの対応が続いていた。これまでの常識をすべて覆すような事態だったから、編集局内の忙しさはかつてないほどにふくらんでいた。

でも私には、それをきっかけに、報道現場がふたたび活気を取り戻すようには思えなかった。

裏金報道以降、体制が大きく変わったのは北海道警察も同じである。

現場記者だった時代につき合った警察官の多くは退職した。

私が札幌市内の警察署担当だったとき、しばしば顔を合わせていたある幹部警察官も定年で組織を去った。伝え聞いたところでは、「高田だけは許さない」と最後まで話していたという。

重要な情報源だった警察官たちの何人かも組織を去った。もちろん、組織に残っている人たちもいる。

記者たちに「裏金という悪弊は断ちきらないといけない」と密《ひそ》かに語っていた中堅警察官たちの幾人かは、その後、記者たちとの深い接触を断ち、一万人を擁する北海道警察の組織の中にふたたび身を沈めた。

裏金報道の最中《さなか》、自ら命を絶った警察官もいる。

真面目を絵に描いたような彼は、オホーツク海に面した小さな警察署の署長だった。事件も事故もほとんど起きない平和な土地で、彼は地域活動に身を投じ、地元の住民たちから多くの尊敬を得ていた。

道警による内部調査と、北海道監査委員による監査が進展していたころ、彼にも聴取の順番が回ってこようとしていた。

単身赴任の署長官舎で自死したのは、聴取の直前である。孫を連れた娘が訪ねてくる、その朝のことだったという。

何通かの遺書には、若いころの一時期、裏金づくりの一端に手を染めたことはあったけれど、その金を私的に使ったことはまったくない、と書かれていた。

自死の前、彼は親しい警察官に連絡を取っていた。おまえなら、監査委員の監査にどう答えるのか、おまえはどう答えたのか。「裏金づくりに手を染めたことがある」という真実を語れば、裏金を否定している組織への裏切りになる。何も知りませんと回答すれば、道民と自らの良心に嘘をつくことになる。

その狭間《はざま》で、彼は遺書を残した。

私自身は彼と面識がないが、彼と交流のあった記者は編集局の一角で涙を流していた。しかし、通夜に行くと、会場に詰めかけた警察官たちに追い返された。

「おまえたちが殺した、北海道新聞が署長を殺した」

そんな声も道警のあちこちから、私の耳に届いた。

北海道新聞社を去ってしばらくしてから、私は編集局幹部になった先輩と会った。彼とは同じ経済部の記者として一時期、札幌の経済記者クラブで文字通り、机を並べていたことがある。互いの自宅も近い。

JRの最寄り駅の駅前。

タクシーが並ぶ小さなロータリーの一角に新しい焼き鳥屋ができていた。二階のテーブル席。ひさびさに真正面で向き合った先輩は、白髪がずいぶん増えている。

他愛もない話をかわしたあと、私は「泳がせ捜査失敗」の記事の話を持ち出した。

あの稲葉さんが出所して、インタビューに応じてくれています。驚くべき内容です。

佐藤も取材しています。稲葉さんの話を裏づけるメモや証言も出てきています。集中的に取り組めば、もっと深い内容になるかもしれません。あのときは「おわび社告」が出ましたが、稲葉さんのインタビューを何らかの形で掲載するとか、集中的に関連取材にも取り組んでみるとか、それを考えるべきじゃないでしょうか。

編集局幹部になった先輩の返答は、正確には覚えていない。

ただ、内容は否定的だった。

あの記事は北海道新聞としては事実上の誤報だったということで決着してる、と。道警が「稲葉の言う通り」と認めれば別だが、と。

「それより、高田」と先輩は言った。

「おまえ、本当は辞めたことを後悔してるんじゃないか。心の底から得心しているか。得心できているか」

佐藤記者が続けていた稲葉氏のインタビューは、とうとう北海道新聞の記事にならなかった。編集局幹部は「載せない」との姿勢を崩さなかったようだ。自らが勤務する新聞での記事化が不可能と知った彼は、その後、「週刊朝日」(朝日新聞出版)の二〇一一年十二月九日号に「佐藤一」の実名で記事を発表した。紙面に掲載できない悔しさと理不尽さ。他社の媒体とはいえ、「覚せい剤一三〇キロ、大麻二トン」の真相を社会に広く知らしめることができた安堵《あんど》感。その狭間で、彼は一連の問題に自ら決着をつけたのだった。

退社した年の瀬。

あと数日で二〇一一年も終わろうかという午後、私はあるマンションを訪ねた。

札幌の都心に広がる広大な中島公園。マンションはその緑に沿って立っている。「瀟洒《しょうしゃ》な」という言葉が似つかわしい、美しい外観だ。

一階の集合ポストで「菊池」の名字と部屋番号を確認し、インタホンを押した。

「菊池です」と女性の声が聞こえた。

「高田と言います。北海道新聞社時代、菊池さんにお世話になった者です。菊池さんはご在宅ですか」

いま外出しているという。一時間後、もう一度訪ねると、本人がいた。

「おう、君、元気か。君も辞めたんだってな。いま、どうしてるんだ?」

菊池育夫氏は前年の二〇一〇年五月、突然退任し、社内だけでなく、新聞業界、地元経済界などを驚かせていた。取締役たちが密かに社長の解任動議の賛同者をつのっており、その可決が確実になったため、解任される前に自ら身を引いた、とうわさされていた。

菊池氏は「きょうはこれから娘夫婦が帰省してくるんだ。孫を連れてな。悪い、時間がない」という。

私は、わかりました、また来ます、と言ってポストに手書きの手紙を投げ込んだ。再訪時も不在だったときに備え、待ち時間に近くの喫茶店でペンを走らせ、便せん六、七枚を書き上げていた。

こういうこと、現場記者の時代によくやったな。そんなことを思いながら、マンションを出た。

菊池氏からの手紙を開封したのは、年明け早々である。年末に届いていたようだが、高知へ帰省しており、手に取るのが遅くなった。

「新国立劇場開場記念」の記念切手が貼られた、白い封筒。中には、パソコン打ちされた紙が一枚入っている。

「昨日は突撃取材並みの電撃訪問で、忘れかけていた感覚を呼び覚まされた思いです。誰かが一緒だったこともその感覚を刺激してくれました。でも訪ねてくれてありがとう。元気そうなのが何よりでした」

「手紙も読みました。これからもジャーナリストとして生きていくという姿勢に心から敬意を表します。一人でも組織に属していても、意欲さえ持続できれば、力量の備わったあなたなら、何にでも取り組めるはずです」

「さて、いろいろ話をしたいとのことですが、これはやはりやめておきましょう。個人的にざっくばらんに話したいのはやまやまですが、ずっとそうはいかない立場でしたし、そういう立場で担ってきたことがらについては、たとえ退職したあとでも、そのまま胸に納めておくのが筋だと思うからです。この気持ちが揺らぐことはないでしょう。ご賢察の上、了解してください」

「世界は、ちょっとしたきっかけで、激流がほとばしるような、不気味な前夜を思わせます。身の回りにも漂うそんな気配に、あなたの見識と情熱が鋭い光をあて、ハッと何かを気づかせてくれることを期待しています。ご活躍を祈ります。どうか引き続き、お元気で」

そして「十二月二十七日」の文字。

その後に続く「菊池育夫」はブルー・ブラックのインクで直筆されていた。

二〇一二年が明けた一月六日午後。

私はふたたび、中島公園脇のマンションに足を運んだ。過去の取材の経験から言えば、手紙の文面は十分に「脈あり」だった。

何度か通えば、心の扉は必ず開く。これまでは何度もそうやって、難しい取材を乗り越えてきたではないか。

そう言い聞かせながら、インタホンを押した。今度は最初から菊池氏が出た。しかし前回訪問時と明らかに声の調子が違っている。手紙の文面とも違っている。

数字が並んだ押しボタン。大理石に埋め込まれたマイクとスピーカー。その脇で、半球状の黒っぽいレンズが私を見つめている。

スピーカーから大きな、早口の声が聞こえた。

手紙を読んだだろう。あれがすべてだ。あれで誠意は尽くした。話はしない。ざっくばらんにとか、そんなことを言って、おれから言質《げんち》を取ろうとしても、そうはいかないぞ。引き取ってくれ。何度来ても同じだ。対応はしない。何も言わない。粘ってもむだだ。何度来てもむだだ。引き取ってくれ。

「話をさせてください。あのとき何があったのか、それを教えてください。私は当事者です。第三者とは違うんです。いったい何があったのか。言えないことは言えないでいいんです。でも、何も言わないというのは、それはあまりにひどくないですか」

時間にして五分足らず。

何を言っても菊池氏の態度は変わらなかった。その声は突き放すようであり、怒気を含んでいるようでもあった。何かにおびえているようにも感じられた。

それからちょうど二週間が過ぎた金曜日。

私は電車で札幌から三〇分ほどの小樽へ行き、駅前のビルで小樽商科大学教授の荻《おぎ》野富士夫《のふじお》氏に会った。荻野氏は戦前の治安維持法や特高警察の研究で知られる。

私は尋ねた。

取り締まる側は当時、どんな感じだったんでしょうか。いまもよく言うじゃないですか。たとえば中央省庁の官僚組織。全体としてはおかしいけれど、一人ひとりはじつにまじめで、いい人で、真剣に国の行く末を憂えている、と。

「そこですよね。日本社会の特質なのかどうか、私には判断できませんが、治安強化にしても何にしても、日本には明白な独裁者があまりいないんですよね。特高警察にしてもいまでこそ悪の権化と言われますが、一人ひとりは非常にまじめで、程度の差はあれ、一生懸命に仕事していたわけです。分解すると、みんなけっこう、いい人なんです。ときどきは組織内での足の引っぱり合いや競合も起きます。部署ごとの縄張り争いもある。でも全体として一方向へ流れ始めたら、もうなかなか止められない」

どうすればいいのでしょうか。私たちは何を考え、どう行動すべきなのでしょうか。

「答えは持ち合わせていませんね。強いて挙げれば、組織の構成員一人ひとりが社会との接点、社会への影響をきちんと判断するとか……あ、でも、答えになってないな。こんな答えにもならない答えだと、高田さん、満足しないでしょう」

荻野氏と別れた夕暮れどき、雪の小樽を少し歩いた。

小樽は二五年ほど前、私が記者生活をスタートさせた街だ。地図を見なくても、どこに何があるか、何があったか、全部頭の中に入っている。駅前のホテルは市営温水プールがあった建物。同じく駅前のドン・キホーテはスーパーの長崎屋が全フロアーを占めていた。

都通り商店街には、見覚えのある店がいくつも並んでいた。

新人記者のころ、鬼のような「おめえのデスク」に「都通り商店街にひな人形が並んでいるだろ。先に書かないからタイムスに抜かれただろ。季節ものの記事だからって、甘くみるんじゃねえ」と、こっぴどく叱られた、あの商店街である。

人通りの少ない商店街を抜け、角を曲がった。

次の信号の角にあった北海道拓殖銀行小樽支店は、拓銀の経営破綻《はたん》に伴い、ずいぶん前に姿を消している。

ほどなく北海道新聞社の小樽支社が見えてきた。報道部のあるフロアーを見上げると、白い蛍光灯が行列になって光っていた。

「みんなけっこう、いい人なんです」という荻野氏の言葉を反芻《はんすう》していた。

裏交渉に手を染めた道警キャップのことを「許してやれ、おまえから許してやると言いに行け」と言った先輩の言葉も思い起こしていた。

私が社会部の記者だった三〇代半ば、彼は同じ社会部の一角で夕刊のタウン情報紙面を担当していた。地元企業の大がかりな不正を取材していたとき、私は企業幹部の夜回り取材を彼に頼んだ。「私でいいんですか。本当ですか」。そんな取材はしたことないけど、頑張りますと彼は言い、勇んで出かけた。取材先では粘りに粘った。じつにいい取材だったと思う。

悪人はどこにもいない。どこにもいない。

そんな思いが頭をよぎった。

では、あの佐々木さんも？

組織的な裏金を隠し続けたこれまでの数多《あまた》の警察官たちも？

稲葉氏がかかわった組織の深い闇を知りながら、いまなお沈黙を続ける現役の警察幹部たちも？

北海道を駆け足で通り過ぎて行った、キャリア警察官たちも？

この日、小樽は暖かだった。一月にしては珍しく道端の雪が解け、あちこちに水たまりができている。歩いた時間は長くなかったが、私の黒い短靴はびしょびしょになりかけていた。

戻ろう。もう帰ろう。

小樽駅に近づくと、札幌方面からの帰宅客が急ぎ足で歩いてくる。その人波に逆流するように、駅舎に入り、券売機に硬貨を入れ、改札を抜けた。

札幌方面行きの電車は大半が小樽駅から出発する。ホームへ上がると、がらがらの始発電車が待っていた。

秘密

――札幌と高知、二〇一三年十二月

二〇一三年十二月九日。

月曜日の朝、私は雪の札幌にいた。市営地下鉄東西線の西11丁目駅を降り、地上へ。歩いてすぐの第3合同庁舎の一階自動ドアを南側からくぐった。午前九時前だったと思う。

所持品検査のゲートを抜ける前、民間警備会社の警備員に来訪先を告げ、来訪者バッジをもらわねばならない。

「札幌地検に呼ばれてます。特別刑事部です」

そう言いながら、受付の机に置かれたタイマーを見て、時刻や氏名、訪問先を書き込んだ。

第3合同庁舎には札幌地検のほか、札幌高検、北海道地方更生保護委員会、公正取引委員会事務総局北海道事務所といった役所がびっしり入居している。札幌入国管理局や公安調査庁の北海道公安調査局などもある。役所の数が多いせいか、始業時間前だというのに、受付でもらった番号入りのバッジは早くも二桁になっていた。

エレベーターを上階で降りると、左手に向かった。その奥のまさに「小部屋」と呼ぶにふさわしい空間が、検察庁の待合室である。いくつかの長椅子はあるが、一〇人も座れば息苦しくなりそうだ。そこに夫婦らしい年配の男女が一組、やはり年配の男性が一人。私は四人目の入室者らしい。

待合室にも受付がある。係の男性も年配だった。ガラスの仕切り板の向こうで、体の左側をこちらに向けて座っている。

その場にいた男女は、交通事故か交通違反の当事者のようだ。呼び出し理由は分からない。交通違反の罰金を払わずにいたから地検に呼び出されたとか、そんなところだろう。もう一人の男性は押し黙ったままだ。やはり交通違反か、それとも何かの事件の参考人か、はたまた被疑者か。

やがて事務官が迎えに来て、夫婦らしき男女や男性は小部屋を出て行った。ガラスの仕切り板の向こうでは、係の男性がやはり体の左側面を見せて座っている。

書類ラックに目をやると、検察庁や事件手続きに関する味気ないチラシが並んでいた。英語版もハングル版もある。

偽証罪の被疑者。

それが私の法的な立場だった。

北海道警察の裏金問題に関する書籍二冊をめぐって、道警の総務部長だった佐々木友善氏と民事訴訟となり、民事の被告席に立たされた。その裁判が終わりかけた二〇一一年五月下旬、佐々木氏は「民事訴訟で証人出廷した北海道新聞の記者が法廷で偽証した」として、私の部下だった記者を偽証罪で札幌地検特別刑事部に告発した。この「記者」は、裏金報道の時、道警記者クラブでサブ・キャップを務めていた。

この告発に際し、私は参考人として事情聴取を受ける身になった。聴取は二度か三度だったと思う。特別刑事部の担当検事はいつも仕立ての良さそうなスーツを着込み、私と向き合った。「高田さんは参考人の立場ですが、調べの展開によっては被疑者になる可能性もあります」という言葉もあったと記憶している。

その告発が不起訴になると、佐々木氏は札幌検察審査会に対し、「不起訴は不当だ」とする申し立てを行った。

事態はそれで終わらなかった。

佐々木氏は検察審査会の結論が出る前の二〇一三年十一月、再び札幌地検に告発状を提出した。今度は「民事訴訟において、高田が部下の記者に偽証を行わせた」という内容である。前回の参考人と違い、私は被疑者そのものである。

偽証罪は刑法一六九条に規定がある。宣誓して証言した証人が虚偽の証言を行った場合に適用され、刑事裁判で有罪認定されると、最高で懲役一〇年に処せられる。決して軽い罪ではない。

やがて私を担当する事務官が「高田さん、お待たせしました」と迎えに来た。三〇代前半に映る。細身で私よりやや背が高い。

取調室は待合室のさらに上階にある。

エレベーターホールに行き、並んでカゴの到着を待っているとき、尋ねてみた。

「何となく見覚えがあるように思うんですが、前回も私の担当じゃなかったです？」

え、いや。

そんな曖昧《あいまい》な言葉が戻ってきて、再び二人は無言になった。カゴを降りて、今度は廊下を右へ折れた。一つ、二つ……とドアをやり過ごす。三つめか、四つめのドアは開け放たれていた。中に入ると、前回と違って女性検事が机の向こう側に座っていた。型どおりの挨拶《あいさつ》を済ませ、検事の正面に座った。パイプ椅子に肘《ひじ》掛けはない。さきほどの事務官は私の左手側に座り、パソコンに向き合った。今度は私が体の左側面をさらす番だ。

「高田さんですね？　ご存知だと思いますが、あなたを被疑者とする告発状が出され、札幌地検は受理しました」

そんな説明が検事から簡単になされた。被疑者だから黙秘権がある、とも言う。

「では、名前、住所などから確認させてください」

女性検事がそう告げて、取り調べは始まった。

北海道警察の裏金問題が発覚したのは、二〇〇三年十一月末である。最初はテレビ朝日の報道番組「ザ・スクープ」による、文字通りのスクープだった。それを追いかける形で北海道新聞による裏金追及の調査報道は始まった。報道は一年以上に及び、掲載記事は大小合わせて約一四〇〇本にも及んだ。

札幌地検で女性検事と向き合った時は、あの報道開始からちょうど一〇年の歳月が流れていた。

一〇年前の同じ日、つまり二〇〇三年十二月九日の北海道新聞朝刊は第二社会面で「再説明の意思ない　道警本部長見解」という見出しの記事を掲載している。

その数日前には一面で、裏金不正は全道警ぐるみか、との記事を掲載していた。道警はテレビ朝日の報道に対しても、北海道新聞のその後の報道に対しても、「裏金はない」と全面否定していたうえ、組織トップの芦刈勝治本部長はこの問題で取材に応じる姿勢を見せてなかった。

「それなら本部長に質問状を出そう。質問状を出したこと自体をまず、記事にしよう」と考え、道警に質問状を提出していたのである。その結果、改めて説明するつもりはないとする回答が広報課を通じて届いた。「再説明の意思ない」は、それを示している。

北海道新聞の裏金追及は、ふだんは道警本部庁舎内の記者クラブに陣取る警察担当記者が担う形で進んだ。

警察や省庁内部の「記者クラブ」で仕事する記者たちは、権力との距離が極めて近い。物理的な意味だけでなく、日本の報道界では長らく「警察と報道は二人三脚」と言われてきた。

だから、警察記者クラブ加盟の新聞社が、警察不正に関して組織トップの本部長宛に公開の形で質問状を出し、質問も回答も紙面に掲載する事例は、全国でもそうそうなかったはずだ。道警記者クラブに陣取る記者たちが道警側から「飼い犬に手を噛《か》まれた」と言われたのは、まさにこのころだった。

一〇年前はそれほどまでに、北海道新聞と北海道警察は鋭く対峙《たいじ》していたのである。

私自身は東日本大震災のおよそ三か月後、二〇一一年六月末に北海道新聞社を依願退職し、しばらくは札幌を拠点にフリーのジャーナリストとして取材活動を続けた。そして二〇一二年三月末、郷里の高知県高知市に戻った。四月に高知新聞社に記者として入社し、社会部に配属。今度は冬も雪がほとんど降らない南国の地で、組織人として取材活動を続けることになった。

五一歳で会社を辞め、その後に別の新聞社で記者に――。年功序列と終身雇用が今も定番の新聞界にあって、私は珍しい存在だろうと思う。実際、同じ新聞社と言っても仕事の流れや社風、記事作成ソフトの種類や使用方法など、あちこちに違いがあった。

高知新聞も北海道新聞と同様、高知県警の裏金問題を大々的に追及した経験を持つ。北海道警察の問題と同じ二〇〇三年のことだ。それもあって、高知新聞には旧知の記者や顔見知りの記者が何人かいた。それがなければ、戸惑いはもっと長期間続いたはずだ。


入社後しばらくして、社内で小さな会議があった。各支局長や本社の編集幹部らがそれぞれの課題を報告し、議論する場だ。

東京での取材経験を持つ幹部は、こんなことを語った。

「高知県の疲弊は著しい。公共事業はピーク時の三八〇〇億円が一二〇〇億円にまで減った。その結果、六〇〇〇〜七〇〇〇人の雇用が失われている。この人数は県内の漁協組合員とほぼ同じ数字だ。公共事業頼みの時代ではないが、地域は本当に苦しんでいる」

そして、力説した。

東京は地域のことを知らない。地方がどんな状態になっているか、どこでどんな人々がどうやって暮らしているか。その実情を中央の政策決定者は知らない。せいぜい数字やデータでしか知らない。

現場の実態を取材して社会に伝えるのは、地方紙、地域紙だ。情報は地域にある。足元にある。地域に張り付いた地方紙の記者は、その最先端にいる。自分たちが報じるしかないんだ、と。

実際、三十数年ぶりに住む高知はいかにも元気がなかった。

県内人口は七四万人少々しかないのに、六五歳以上人口の高齢者はほぼ三割だ。高齢化率は全国二位で、七五歳以上の高齢者は一二万人を超す。そんな数字を並べるまでもなく、街を歩くだけで、生まれ育った街の変わりようは明らかだった。

新しい名刺を持って歩いた先では「高知県の高齢化は全国に約十年先行しているよ」「高知で起きていることは、やがて全国で起きる」といった言葉を繰り返し耳にした。

ほどなく、私の住む町内では、七〇代の独居男性が白骨遺体で見つかる「事件」も起きた。死後約二年。戦前からの古い町並みが残るこのエリアにも、一部で巨大なマンションもでき始めている。

古さと新しさが混在する「超高齢化社会・高知」の狭間《はざま》に沈み込むように、男性は約二年間、だれにも気付かれることなく、狭い部屋の布団の上に横臥《おうが》していた。福祉行政の手も地域警察の手も、そこには届かなかった。

街を歩き、昔の知人を訪ね、新しい人に会った。全国の記者仲間には「地域から中央を射貫くような報道を高知でもやりたい」といったメールを何度か送っていた。
そんな日々の裏側で、一〇年も前の「裏金問題」は、陰に陽に、いつも付きまとっていた。

偽証罪の被疑者として札幌地検へ出向いた際、私は事情聴取の二日前に高知を発《た》った。高知龍馬《りょうま》空港から羽田経由で新千歳空港へ。雪が全くない、暖かな高知で全日空機に乗ったのは、二〇一三年十二月七日である。

ちょうどその朝、各紙の朝刊一面は「秘密保護法成立」の大見出しであふれていた。ページをめくると、「特定秘密保護法は民主主義に反する」「情報隠しは禍根を残す」といった評論が続く。「戦前回帰」を恐れる識者の声もあった。社会面には、国会を取り囲んだ大勢のデモ隊、東京・日比谷《ひびや》の野外音楽堂を埋め尽くした反対派の大集会が、大きな写真付きで掲載されていた。国会を取り囲んだ連日のデモや集会を「六〇年安保反対以来」と表現する記事もあった。

高知新聞社の編集局も、前夜はいつになく忙しく、いつになく沈痛な空気が流れていたように思う。東京から送られてくる原稿、県内各地から届く原稿を読みながら、私も言いようのない気分に襲われていた。

編集作業が一段落した後、若い記者たちからは「これから取材はどんな形になるんでしょう」「行政の不正追及とか、この先もできるんでしょうか」といった声が出た。年長の記者は、二転三転した政府答弁や強引な国会運営を前に呆《あき》れ、怒り、「もう民主主義の葬式を出さんといかん」と口にした。

それほどまでにこの法律は「国民の知る権利」に逆行し、「秘密」を増殖させる懸念があった。

特定秘密保護法は、行政機関や警察が「外交」「防衛」など四分野の中から一定の基準に基づいて「特定秘密」を指定し、秘密が漏洩《ろうえい》した場合は最高で懲役十年を科すという法律だ。「過失」も「未遂」も刑罰の対象である。「そそのかし」は相手が同意しなくても、働きかけただけで刑罰として成立する。つまり、「独立教唆」も処罰される可能性がある。

「特定秘密」の概念も極めて曖昧《あいまい》だ。

官僚が自らに都合の悪い情報をどんどん隠すのではないか、という懸念は消えない。実際、弁護士や刑法学者、憲法学者、映画監督に作家、ジャーナリストなどがこぞって反対の声を上げた。

何しろ、ある情報が特定秘密に指定されたら、どんな情報が指定されたのか、外部にはそれすら分からない仕組みになっている。それでいて、それと知らずに特定秘密に触れると、刑罰対象になるかもしれないのだ。

漏洩の最高刑は懲役一〇年だ。国家公務員法や地方公務員法では、情報漏洩の最高刑は懲役一年だった。一挙に一〇倍である。しかも法案審議の過程で開かれた地方公聴会では、最高刑は死刑にすべきではないか、といった意見まで出た。

一連の国会審議を見たり、この法律の関係資料を読み込んだりする度、北海道警察の裏金問題を追及していた日々を思い出す。

一年以上も裏金の存在を否定し続けた道警は、当初、どんな言葉で言い繕っていたか。どんな言葉で、捜査費や捜査用報償費の使途を隠し続けていたか。

「捜査上の『秘密』」である。

この法律を推進した一人に、中谷元《なかたにげん》氏がいる。衆院の高知二区選出で、防衛大卒。自衛隊に勤務した後、国会議員に転じ、防衛庁長官も務めた。

その中谷氏は、法案作成作業は内閣情報調査室（内調）がずっと担い、警察庁出身のキャリア官僚たちが仕切った、と語った。内調トップの北村滋《きたむらしげる》内閣情報官は、警察庁の出世階段を駆け上がったキャリア官僚だ。内調には、他にも多くのキャリア警察官が出向などの形で在籍している。

北海道警察の裏金問題が発覚した時の道警本部長、芦刈勝治《あしかりかつはる》氏も当然、キャリア警察官だった。その後、北海道新聞と道警が裏交渉を重ねていたころトップにいたのは樋口建史氏。後に樋口氏は警視総監という、警察官で最高位の階級を手に入れた。

地元採用組のスーパーエリートだった佐々木友善氏の後に総務部長席に座ったのも、やはりキャリア警察官である。彼は警察庁広報室長から北海道警察に異動したため、「どう見てもマスコミ対策、特に警察のコントロールが効かなくなった北海道新聞対策だ」とマスコミ界では言われた。彼もその後、順調に栄達を続けている。

二〇〇〇年代の前半、警察の不正経理は、二〇を超える道府県警で発覚している。それらの報道の端緒とも言える北海道警の組織的裏金づくりにおいて、組織ぐるみで不正を隠そうとした官僚組織、その上部に陣取るキャリア警察官たちが「特定秘密の漏洩は最高懲役一〇年」という法律を用意したのである。少なくとも私には、そう映った。

こうしたキャリア警察官に向けて裏金が渡されていた、という証言が出たことがある。証言者は、裏金の存在を実名告発した道警元釧路方面本部長の原田宏二氏だ。

原田氏は道警本部総務課長を務めていた一九八七年から八八年にかけ、当時道警本部長だったキャリア警察官に、組織内で捻出《ねんしゅつ》した裏金の一部を「交際費」名目で渡していたのだという。この証言は国会でも問題になり、北海道新聞も二〇〇四年二月二十日の朝刊一面で大きく報道した。

それに限らず、道警内部では当時、「裏金は地元採用の警察官が書類を偽造して作る。使うのは幹部やキャリア組」「キャリア官僚は絶対に手を汚さないし、知らないことになっている」といった証言が次々と出た。

そうした実態を警察組織は、「捜査上の『秘密』」という名の下で、隠蔽《いんぺい》しようとしていたのである。

そして一〇年の時を経て「特定秘密」の漏洩や取得行為を厳罰に処すという法律が、登場したのである。

道警総務部長だった佐々木友善氏との裁判で、私の代理人を引き受けてくれた東京の清水勉弁護士は、日本弁護士連合会の要職も務めている。秘密保護法についても早くから警鐘を鳴らし、秘密保護法案の国会提出が具体的スケジュールに乗ってくると、日弁連の「秘密保全法制対策本部」の事務局長に就任。法案反対の論理的支柱となって、専門家の間ばかりでなく、各地の講演会やテレビ番組などでも度々、反対の論陣を張った。

冷静な口調でありながら、時に軽やかなジョークも挟む。優しげな表情でありながら、目は鋭い。

私は清水弁護士と一緒に何度かシンポジウムや講演会で登壇し、秘密保護法に対する懸念を表明した。二〇一二年から二〇一三年にかけてのことだ。道警裏金問題の延長戦を違うスタジアムでやっているような感覚があった。元道警幹部の原田宏二氏と一緒だったこともある。その時は、延長線感覚がさらに増した。

二〇一三年九月二十一日もそうだった。

この日午後、千葉市内の千葉県弁護士会館で、清水弁護士は大きなスクリーンを背景に「この法案は官僚の、官僚による、官僚のための法案だ」と熱弁を振るった。

スクリーンには数々の公文書が大映しにされていく。この法案を作成していた際、キャリア警察官らが作成した公文書だ。書類の束は、弁護士たちが情報開示請求によって入手していた。

ところが、スクリーンはほとんどが「真っ黒」だった。パソコンを操作して、次の画像に移っても、また黒い。公文書開示の際、当局は「まずい」と判断した部分を黒く塗りつぶして開示する。スクリーン上の黒は、法案作成の過程そのものが「まずい」の連続だったことを示していた。

会場には一〇〇人近い人がいたと思う。秋の彼岸の時期。それにもかかわらず、ホールは冷房をがんがん効かせていた。

清水弁護士は半袖《はんそで》の柄シャツになって、話を続けた。

「この法案は官僚の裁量で情報を出さないようにできる。国会議員にも情報が届きません。仮に一定の条件下で議員がこの特定秘密を知っても、議員は別の議員に相談したり、政策秘書に調査させたり、専門家に意見を聞いたり、それができません。特定秘密の漏洩罪になるからですよ」

「国会議員であっても一般の国民であっても、情報を見せない。逆に近づいてきたら、その市民らを処罰する。それがこの法律の骨格です。最低でも、官僚による恣《し》意《い》的な運用を防ぐため、秘密指定を解除できる権限を国会に持たせないといけないと思う」

講演が終わると、シンポジウムに移り、私は清水弁護士と並んで座った。「裏金取材当時に秘密保護法が存在していたら、取材はどんな困難に直面したか」。そんなテーマを軸にしながら一時間半ほど議論は続いた。

清水弁護士がいない場所でも、私は秘密保護法に関する話をした。札幌、仙台、東京、名古屋、大阪、鹿児島……。高知県内の小さな町に呼ばれて話したこともある。

私の話は、たいていが経験に基づく内容である。法律家ではないし、専門的な話ができるはずはない。

「国家の秘密、行政の秘密。国にも秘密がある。その言葉の下には、いったい何が隠れているのでしょうか？」

たいていそんな口上で話を切り出す。そしてこんな風に続く。

……「捜査上の秘密」という暗幕の向こうで、予算のいわばマネーロンダリングが行われ、それが何年も続いていました。警察組織は議会が定めた予算の使途を勝手に外し、外部チェックの目が届かないところで自在に使い、しかし「治安安定のために使っている」と言い張っていました。

そういった内部の歪《ゆが》みに堪えきれず、警察内部から北海道新聞に、悲鳴のような内部告発が次々に届きました。そうした声が無ければ、一年以上も裏金報道が続くはずはありません。

当時、北海道警察は組織を挙げて隠蔽に走りました。会計書類のつじつま合わせも組織的に行われ、「犯罪捜査ができない」といった捜査員の声が取材班に届いたこともあります。そして最後には、あちこちの部署で会計書類の「紛失」「誤廃棄」があったと報告されました。そうした隙間を縫って、道警内部の情報は記者に届いていました。

秘密保護に関するこの法は「特定秘密の漏洩《ろうえい》は最高で懲役一〇年」という罰則を持っています。内部の不正や不都合、失政などを外部に届けようと考える組織人にとっては、高く、大きな、分厚い壁となって立ちはだかるでしょう。

この日本社会では、内部告発者に対する目線は冷たく、それが不正をただすものであったとしても「裏切り者」の扱いを受けます。人事や給与で冷遇され、無視され、それどころか「あいつと話すな」といったことまで生じる。こういう雰囲気を「場の空気」と言うんでしょうか？

秘密保護法はそういった体質を抱えたままの組織、とりわけ官僚的性質を持った古い組織、そして官僚組織そのものを、外から鉄の鍋蓋《なべぶた》で覆ってしまうようなものです。

この法律ができれば、いったい何が秘密になるのでしょうか。「国家機密」の名の下で行政や警察にとって不都合な情報は、今までもたくさん隠されてきました。そんな不都合が「特定秘密」下では、どうなるのでしょうか。「国益」の名の下に潜る情報は、本当に国民のためなのでしょうか。そこに組織の不正や不都合、失政、不作為などが紛れ込み、隠されていく恐れも十二分にあるのではないでしょうか。少なくとも、それを検証する手立てを国民は失ってしまいます。

組織にとって不都合な情報はますます外部に出にくくなり、それと同時に「発表」がさらに幅を利かせるようになる。それは間違いありません。

戦前の特高警察のメンバーもそうだったように、個人としてはどんなに良き家庭人であっても、組織人としては別のやり方で行動してしまうのです。

警察裏金の取材を通して見えた組織と個人の問題は、そんなところにもあったと思います。秘密保護法ができたら、報道機関はさらに権力との一体化を進めるでしょう。

そうした流れに抗《あらが》おうとすれば、組織からパージされていく。

私の話は暗すぎるかもしれません。でも数年間か十数年間か、ある程度の時間をかけながら、この日本社会は表向きの華やかさとは全く別の次元で、ひと色に染まっていくように思えてなりません……。


秘密保護法は二〇一三年十二月六日、金曜日の夜に参院本会議で可決、成立した。

週明け九日の月曜日。

安倍晋三首相は官邸で記者会見に臨み、秘密保護法についてこう語っている。

「秘密が際限なく広がる、知る権利が奪われる、通常の生活が脅かされるといった懸念の声もいただきました。しかし、そのようなことは断じてあり得ない。今でも政府には秘密とされている情報がありますが、今回の法律により、今ある秘密の範囲が広がることはありません。そして、一般の方が巻き込まれることも決してありません」

国会での政府答弁、首相や官僚の見解。そういったものが将来の為政者や行政機関をどの程度縛るのか。制定当時の考えや思惑を超え、法律の運用が大きく姿を変えてゆく例を、国民はこれまでいやというほど見せ付けられてきたはずだ。

例えば、朝日新聞は二〇一三年十一月二十四日の社説で、戦前の帝国議会で軍機保護法が審議されていた様子をこう伝えている。

「……何を秘密とするか、陸軍、海軍大臣が定める。これでは国民が、そうと知らないまま秘密に触れ、罰せられないか。追及を受けた政府側は『秘密とか、機密とかは、普通の人の手に渡らないのが通常』『機密と知らずにやった者は犯罪を構成しない』と説明した」

「議員らは、付帯決議でくぎを刺す。不法な手段でなければ知り得ない高度な秘密を守る。秘密と知って侵害する者のみに適用する。政府は、決議を尊重すると約束した。だが、歯止めにはならなかった。軍港で写真を撮った、飛行場をみたと知人に話したといった理由から、摘発者は三年間で三七七人にのぼった」

秘密保護法成立後の記者会見では、安倍首相は「厳しい世論については、国民の皆様の叱正《しっせい》であると、謙虚に、真摯《しんし》に受けとめなければならないと思います。私自身がもっともっと丁寧に時間をとって説明すべきだったと、反省もいたしております」とも語った。

一つの法案を通した直後に、時の総理大臣が「反省」を口にした例を私は知らない。

安倍首相会見と同じ日に、私は札幌地検で女性検事と向き合っていた。

午前九時すぎから始まった「偽証罪の被疑者・高田」に対する聴取は、なかなか終わらない。せいぜい二時間程度だろうと思っていると、午前十一時を過ぎ、正午も過ぎた。

「休憩しますか」との声もかかったが、短いトイレ休憩などの他は、聴取を続けてもらった。高知から羽田経由で札幌へ。そんな行程を何度も繰り返すことは避けたかった。

検事の机には、分厚いファイルが置かれていた。厚さは二〇センチ近くありそうだ。それに目を落とし、私に向き直り、検事の質問は続く。

「佐々木さんの告発内容は主に四点です。佐々木さんの退職後、北海道新聞の記者と道警本部庁舎内で会った時、記者は佐々木さんから『いやいやいや、いったいどこまでやられるかと思ったよ』と言われた、と。高田さんがお書きになった本には、そう書かれています。その点について……」

二〇〇六年五月から始まり五年間も要した民事訴訟。その法廷で何度もやりとりした話だ。前回の告発で参考人聴取された時にも、何度も同じような質問を受けた。

だから、女性検事による聴取でも、その次の質問、さらに次の質問と、大筋はほとんど予測できた。裏金問題の発覚から、ちょうど一〇年。それだけの年月が過ぎたきょうも、また同じような質問を耳にするのだ。

午後に少し食い込んだころ、「では調書を作りましょうか」ということになった。

あらかじめパソコンに打ち込んで用意されていた「調書の下書き」を検事が声に出

して読む。同意を求めてくる。「いや、そこは少し違います。こうです」などと口を挟むと、私の左手側に座った事務官が修正を加えていく。事務官による文面の修正作業は、検事のパソコン画面でも同時進行で見ることができるようで、彼女は画面から目を離さない。

「あー、違うわ。今の文章だと、高田さんの趣旨が反映されてない」

検事がそんなことを言って、事務官がさらに直す場面もあった。私からは見ることができない画面の中で、被疑者調書は形を整えていた。

白い蛍光灯の下、正面には横に広い机がある。関連書類一式を綴《と》じているであろう、分厚いファイル。検事の前には、ほかにメモ用紙くらいしかない。

そう言えば、最初に挨拶《あいさつ》した時、この女性検事は名刺を出さなかったなと思った。前回の参考人聴取では、検事と名刺交換した。今回、私は被疑者だ。「被疑者には名刺を渡さないことになっているんです」と、女性検事に言われた気がする。

やがて調書が出来上がった。

プリンタから打ち出された何枚かの用紙。そこに横書きの文字が並んでいた。道警総務部長だった佐々木氏の告発内容、そして私の反論。どちらの言い分も、もう空で言えるほどだ。

ページをめくりながら、文字を追った。取り立てて修正を求めるほどの箇所はないように思えた。

「印鑑をお持ちですか」

「ええ、持ってますよ」

各ページに割り印を押し、そして末尾の署名に印を重ねた。

「ところで、こんなこと、いつまで続くんでしょうか」

椅子から腰を上げ、コートやバッグを持ちながら、私は尋ねた。いつまで続くのでしょうね、と。

もう一〇年だ。

いつまで、こんなことが続くのか。いつになったら終わるのか。

取調室を出るとき、重ねて「いつまで続くんでしょうね」と聞いた。

回答を求めたわけではない。

もちろん、回答があるわけもない。

事務官に連れられ、廊下の短い距離を歩いた。エレベーターホールまで、両側のドアは数えるほどしかない。

エレベーターはなかなか来なかった。事務官は「ではこれで」と、カゴが到着する前にホールを離れた。

一階に降りると、玄関の自動ドア越しに降る雪が見えた。

そう言えば、あの取調室には窓がなかった。

受付で番号入りのバッジを返しながら、受付簿に退庁時間をボールペンで書き込む。ゼンマイ状になったゴム製の青い紐《ひも》が、びよんと伸び、ボールペンと台紙の間をつないでいる。受付簿に書かれた名前は、さらに増え、そろそろ用紙がいっぱいになりそうだった。

「ありがとうございました」

「お疲れ様でした」

自動扉が開いた。

建物の南側に出た。

雪はまだ降っていた。

※筆者を被疑者として二〇一三年十一月に行われた「偽証罪」の刑事告発について、本書校了直前の二〇一四年三月末、札幌地検は不起訴処分とした。

解説

青木　理《おさむ》（フリージャーナリスト）

本書のもととなった単行本（柏《かしわ》書房刊）が二〇一二年三月に発売された直後、私はむさぼるように一気読みし、ひどくうちひしがれてしばし悄然《しょうぜん》とした。憤怒《ふんぬ》というか、痛哭《つうこく》というか、それらを超えた無力感というか、にわかには表現し尽くせないような感情が渦を巻いて押し寄せ、決しておおげさではなく、しばらくは人と話したりする気分にならないほどの衝撃だった。

このたび新章を加えて角川文庫版として再刊された本書を熟読し、当時の衝撃があらためて蘇《よみがえ》ってきた。そして思う。栄光と屈辱の双方に相対した新聞記者たちの物語は、功罪の両面で日本のメディア史にしっかりと記録されねばならない。メディア組織とジャーナリズムのありようにかんする根源的な教訓に満ち満ちているからである。

本書で記されているように、著者の高田昌幸氏を中心とする北海道新聞（道新）の取材チームは、二〇〇三年十一月から二〇〇五年六月にかけて、北海道警察本部（道警）の組織的な裏金問題を暴き出す大々的な調査報道を繰り広げた。私は当時、通信社の特派員として海外駐在生活を送っていたのだが、情報を扱うメディア業界内では情報が駆けめぐるのも早い。新聞界の名門＝道新が警察の裏金問題に真正面から斬り込み、根腐れした患部に深々とペンのメスを入れはじめた——そんな知らせは、異国暮らしをしている私のもとにもすぐに届いた。

これも本書で明快に記されているから実態や手口は省くが、警察の裏金問題は道警に限った話ではなく、全国の警察本部で営々と続けられてきた悪弊である。古くから警察取材に駆け回ってきた数多《あまた》の記者たちは、よほどのボンクラでない限りは一度ならず耳にしていたはずだし、恥を忍んで告白すれば、私も社会部記者時代に幾度も聞きかじったことがあった。

とはいえ、単に「聞いたことがある」のと、「実際に裏づけ取材をして報道する」ことの間には、とてつもない落差がある。巷《ちまた》に流布する不確かな情報を綿密な取材によって裏づけ、間違いないと信じた事実のみを抽出して活字に紡いでいくのは並大抵の作業ではなく、十分な訓練と根気、そして情熱によって支えられるプロフェッショナルな営みである。ましてや事件報道を異様に重視する日本メディアにとって警察はきわめて重要な情報源だから、その組織的な不正を真っ向から指摘するのは想像を絶するプレッシャーがのしかかる。

そうした困難なテーマに、道新が果敢に挑んだ。当然、メディア業界でも大きな話題を呼んだ。結果、道新の調査報道キャンペーンは成功し、新聞業界ではもっとも権威ある賞とされる新聞協会賞（二〇〇四年度）を受賞したほか、菊池寛《きくちかん》賞やＪＣＪ（日本ジャーナリスト会議）大賞などを総なめにした。権力監視を最大の任とすべき新聞が、長く囁《ささや》かれながら放置してきた権力犯罪に斬り込み、一部とはいえ道警側に認めさせて謝罪に追い込む大成果をあげたのだから、極めて順当かつ当然の受賞だったと思う。

この一連の報道と受賞の知らせを異国で伝え聞いた私は、道新取材班の活躍に喝采《かっさい》を送った。いや、もっと正直に告白すれば、若干の羨望《せんぼう》と羞恥《しゅうち》が入り混じったような気分だった。文句のつけようがないほど素晴らしい仕事をした同業者への羨望と、情報を「聞いたことがある」のに、きちんとした取材で解明しようとしてこなかった己への羞恥と、そんな気分を抱えながら道新取材班には大いなる尊敬の念を抱いていた。

ところが、いつのころからか奇妙な噂が業界内に流れはじめた。たとえば、次のような噂である。

道警が水面下で道新への反撃をはじめた。反撃を受けた道新は窮地に陥っているようだ。道警は道新内部の不祥事をネタに揺さぶりをかけている。道新は困り果て、何らかの形で手打ちする方向で裏取り引きが進んでいるらしい……。

果ては、道新で裏金問題の取材班に属した記者たちが編集の中枢からつぎつぎに外されはじめた、といった情報まで駆けめぐり、しばらくすると「お詫《わ》び社告」が道新の一面にデカデカと掲載された。新聞業界にかかわる者なら誰が見ても異例の「社告」であり、道新の組織内部で重大な異変が起きているのは明らかだった。

しかし、新聞協会賞を授与した新聞業界では道新支援の声がほとんど広がらなかった。それどころか、北海道でライバル関係にある全国紙が道新の苦境を逆手にとり、道警側におもねって取材を有利に進めているといった話が飛び交うありさまだった。関係者に聞いてみると、そうした振る舞いがあったのは事実らしく、これについては反吐《へど》が出るような愚行というしかない。わずかでも身に覚えのある記者は、メディア界から即刻退場すべきだろう。

一方、窮地に立たされた道新取材班のメンバーは苦しかったろう。特にデスクとして取材班を率い、若い記者たちを鼓舞してきた高田氏の苦悩は、さらに深かったに違いない。

そんな高田氏から突然、「会って話をしたい」という連絡があったのはいつのことだったか。私の手元にある手帳やパソコンの記録を繰ってみると、高田氏からメールが送られてきたのは二〇〇九年の五月、実際に会ったのは翌六月の中旬だった。高田氏とはそれまで数度、メールでやり取りしたことはあったものの、直接会ったことは一度もなかった。場所は確か、都内の喫茶店かレストランだったと思う。

高田氏は当時、特派員として駐在していたロンドンから帰任し、東京支社国際部の次長になっていた。私はといえば、思うところあって一五年以上勤めた通信社を辞め、フリーランスの物書きとして歩きはじめていた。組織のくびきを離れてフラフラしていた私に高田氏が何を話したかったのか、具体的にどんなことを話したのか、これも正直に記せば記憶が薄れてしまっていて定かではない。ただ、道警の元総務部長から起こされた名誉毀損訴訟《めいよきそん》の一審判決で道新側が敗訴したばかりだったから、むしろ私の方が熱くなって「あの判決はあまりにひどい」「道警もひどいが、道新の上層部もひどい」「高田さんたちの仕事はこんなことで色褪《いろあ》せない」といったようなことを喋《しゃべ》ったように思う。対する高田氏は、本心では相当怒り、相当落ち込んでいたはずなのに、不満や愚痴めいたことは言わなかった。確か、控訴して今後も闘っていくつもりだからいろいろ支援してほしい、というような話だったと記憶している。

以後、高田氏との距離は縮まり、会合やシンポジウムなどでしばしば同席した。東日本大震災の後には、メディアの現状と問題点を鼎談《ていだん》形式で語り合う共著を出したこともある。そのたびにいろいろな話はしたのだが、やはり愚痴をこぼすことはほとんどなく、道新内部の実態をあからさまに吐露することもなかった。

振り返ってみれば、いつもそうなのだ。ジャーナリズムに賭《か》ける熱い信念と情熱を胸の中に抱えているのに、高田氏はそれをあまり表に出さない。スタンドプレイなどには決して走らず、いつも冷静な態度で静かに筋を通す。そういう面でも優れた記者なのだと思う。取材で裏づけを取った事実にこだわり、裏の取れない情報レベルの話を無責任に吹聴《ふいちょう》するのを好まない。

そうしてさらに数年の時が過ぎ、高田氏がおそらくは渾身《こんしん》の力を振り絞って書きあげたのが本作である。道警の薄汚い反撃を受けた道新内で何が起き、どのように崩れ落ちていったのか、渦中の当事者として知った事実が赤裸々に明かされている。私もはじめて知るエピソードが多い。しかも、ここでも高田氏は最初の頁で次のように断っている。

〈北の大地で新聞と警察のあいだにいったい何が起きていたのか。それを筆者の目に映った限りで記した。もとより、社会的なできごとは多様である。私の目線と他人の目線は違う。映る風景も違う。それが前提になっている〉

これも、できるだけ事実に忠実でありたいという高田氏の矜持《きょうじ》だろう。また、一緒に仕事をした道新の仲間たちと、読者への配慮もうかがえる。本書はあくまでも当事者による手記であり、別の見方や主張もありえるのだと断るのは、記者としての誠実さのあらわれにほかならない。さらにいうなら、高田氏は本書の中で特定の誰かを声高に指弾していない。そして、こう書く。

〈悪人はどこにもいない。どこにもいない〉

そうなのかもしれないと私も思う。しかし、この一文は同時に、とてつもなくおそろしい現実を私たちに突きつける。

悪人はいない。なのに、日本有数のメディア組織が崩れ落ち、権力に屈したのはなぜか。あまりにも無惨に膝《ひざ》を折り、栄光の成果に屈辱の泥を塗ってしまったのは、いったいなぜなのか。

答えは多分こうだ。

確かに警察権力は強大だが、メディアに関わる者たちは歯を食いしばってでも抗《あらが》わなければならない時がある。なのに、抗うべき者たちが臆病風《おくびょうかぜ》に吹かれ、打算と保身の殻に閉じこもった。ひとりひとりは決して悪人ではなくとも、組織防衛の論理に押し流され、組織の内側で必死に首をすくめ、火の粉をかぶらぬように汲々《きゅうきゅう》と振る舞った。組織防衛の先兵として動かされた者もいた。別の者たちは逃げ回り、別の者たちは素知らぬ顔を決め込んだ。相手が強大な権力なのに、抗うべき者たちが抗うのをやめれば負けるしかない。そして見事に崩れ落ち、跪《ひざまず》いた。

ならば、メディアにかかわる者たちはこれを教訓とし、己自身を徹底的に見つめ返さなければならない。

もとより、メディアにかかわる者といっても、さまざまな立場がある。新聞で言えば、全国紙だってあるし、複数の県をまたにかけるブロック紙もある。県単位の地方紙や、もっと小さな地域紙もある。それらの中には比較的自由な社風の新聞もあれば、独裁的な一部幹部に牛耳られた新聞もある。業界として総体的に斜陽化していくと指摘される中、経営的に厳しい状態に置かれた新聞も数多い。

こうした新聞界にあって、道新は比較的真っ当な新聞のひとつに数えられてきた。いや、いまだって道新で踏ん張っている優れた記者を私は幾人か知っている。他の新聞社に属する記者たちにしても、永田町で政治取材に走り回る者がいれば、世界の各都市で特派員生活を送っている者もいる。全国各地の支局で警察《サツ》回りをしている者もいれば、地方版の記事を埋めるための取材をしている者もいる。そうしたひとりひとりの記者たちが、時には意地を張って抗う覚悟を持っているか。いや、日々の仕事そのものの中で、実際に抗い続けているか。

高田氏が本文庫版で追加した新章で書いたように、この国はいま急速にキナ臭さの度を増している。メディアの息の根を止めかねない特定秘密保護法が成立したほか、レイシズムを隠さない連中や改憲を訴える勢力が大手を振ってまかり通りはじめている。そういう時代、メディアにかかわる者ひとりひとりがどう振る舞うのか。保身と打算の殻に閉じこもり、監視すべき権力や権威の前で無惨に跪くのか。それとも、意地を張ってでも抗い、闘いを継続するのか。私は、あなたは、いったいどうするつもりなのか――。

文庫化された本作を読み返して私は、高田氏にそう問いつめられているような気もした。その高田氏は、道新を去ってしばらくはフリーランスとして活動していたが、現在は郷里の名門紙・高知新聞に移り、いまも現場の第一線で抗い続けている。

本書は二〇一二年三月に柏書房より刊行されました。
文庫化するにあたり、加筆・修正を行い、最終章を書き下しました。
なお、本文中の登場人物の肩書等は、最終章を除き、親本のママとしています。

真実《しんじつ》

新聞《しんぶん》が警察《けいさつ》に跪《ひざまず》いた日《ひ》

高田昌幸《たかだまさゆき》

平成26年 4月25日　初版発行
令和6年 11月25日　8版発行

発行者●山下直久

発行●株式会社KADOKAWA
〒102-8177　東京都千代田区富士見2-13-3
電話　0570-002-301(ナビダイヤル)

角川文庫 18514

印刷所●株式会社KADOKAWA
製本所●株式会社KADOKAWA

表紙画●和田三造

ISBN978-4-04-101323-6　C0195

角川文庫発刊に際して

角川源義

第二次世界大戦の敗北は、軍事力の敗北であった以上に、私たちの若い文化力の敗退であった。私たちの文化が戦争に対して如何に無力であり、単なるあだ花に過ぎなかったかを、私たちは身を以て体験し痛感した。西洋近代文化の摂取にとって、明治以後八十年の歳月は決して短かすぎたとは言えない。にもかかわらず、近代文化の伝統を確立し、自由な批判と柔軟な良識に富む文化層として自らを形成することに私たちは失敗して来た。そしてこれは、各層への文化の普及滲透を任務とする出版人の責任でもあった。

一九四五年以来、私たちは再び振出しに戻り、第一歩から踏み出すことを余儀なくされた。これは大きな不幸ではあるが、反面、これまでの混沌・未熟・歪曲の中にあった我が国の文化に秩序と確たる基礎を齎らすためには絶好の機会でもある。角川書店は、このような祖国の文化的危機にあたり、微力をも顧みず再建の礎石たるべき抱負と決意とをもって出発したが、ここに創立以来の念願を果すべく角川文庫を発刊する。これまで刊行されたあらゆる全集叢書文庫類の長所と短所とを検討し、古今東西の不朽の典籍を、良心的編集のもとに、廉価に、そして書架にふさわしい美本として、多くのひとびとに提供しようとする。しかし私たちは徒らに百科全書的な知識のジレッタントを作ることを目的とせず、あくまで祖国の文化に秩序と再建への道を示し、この文庫を角川書店の栄ある事業として、今後永久に継続発展せしめ、学芸と教養との殿堂として大成せんことを期したい。多くの読書子の愛情ある忠言と支持とによって、この希望と抱負とを完遂せしめられんことを願う。

一九四九年五月三日

角川文庫ベストセラー

増補版　国策捜査
暴走する特捜検察と餌食にされた人たち
青木　理
「国策捜査」とは、特捜検察が政治や世論に後押しされて突き進んだ歪んだ捜査である。被疑者は特捜検察の筋書き通りの事件の犯人にされ、それをマスコミが煽ることが多い。犠牲となった人々の証言を聞く。

捜査指揮
岡田　薫
70件に及ぶ現実事件を素材として明かされる捜査指揮の形とは。伝説のノンキャリア警視庁捜査一課長・寺尾正大氏の協力も得て刊行され、第一級のリーダー論としても読み応えある一冊。

国家と神とマルクス
「自由主義的保守主義者」かく語りき
佐藤　優
知の巨人・佐藤優が日本国家、キリスト教、マルクス主義を考え、行動するための支柱としている「多元主義と寛容の精神」。その〝知の源泉〟とは何か？　思想の根源を平易に明らかにした一冊。

国家と人生
寛容と多元主義が世界を変える
佐藤　優
竹村健一
沖縄、ロシア、憲法、宗教、官僚、歴史……幅広いテーマで、「知の巨人」佐藤優と「メディア界の長老」竹村健一が語り合う。知的興奮に満ちた、第一級のインテリジェンス対談!!

国家の崩壊
佐藤　優
宮崎　学
1991年12月26日、ソ連崩壊。国は壊れる時、どんな音がするのか？　人はどのような姿をさらけだすのか？　日本はソ連の道を辿ることはないのか？　外交官として渦中にいた佐藤優に宮崎学が切り込む。

角川文庫ベストセラー

「A」 マスコミが報道しなかったオウムの素顔　森　達也

メディアの垂れ流す情報に感覚が麻痺していく視聴者、モノカルチャーな正義感をふりかざすマスコミ……「オウム信者」というアウトサイダーの孤独を描き出した、時代に刻まれる傑作ドキュメンタリー。

世界が完全に思考停止する前に　森　達也

大義名分なき派兵、感情的な犯罪報道……あらゆる現実に葛藤し、煩悶し続ける、最もナイーブなドキュメンタリー作家が、「今」に危機感を持つ全ての日本人を納得させる、日常感覚評論集。

それでもドキュメンタリーは嘘をつく　森　達也

「わかりやすさ」に潜む嘘、ドキュメンタリーの加害性と鬼畜性、無邪気で善意に満ちた人々によるファシズム……善悪二元論に簡略化されがちな現代メディア社会の危うさを、映像制作者の視点で綴る。

オカルト 現れるモノ、隠れるモノ、見たいモノ　森　達也

職業＝超能力者。ブームは消えても彼らは消えてはいない。否定しつつも多くの人が惹かれ続ける不可思議な現象、オカルト。「信じる・信じない」の水掛け論を超え、ドキュメンタリー監督が解明に挑む。

ＦＡＫＥな日本　森　達也

天皇、放送禁止歌、オウム、オカルト、小人プロレス等。撮影テーマをことごとくタブー視され、発表媒体が限られていく中、ドキュメンタリー監督が、忖度社会の正体を探る！

角川文庫ベストセラー

ためらいの倫理学
戦争・性・物語

内田樹

ためらい逡巡することに意味がある。戦後責任、愛国心、有事法制をどう考えるか。フェミニズムや男らしさの呪縛をどう克服するか。原理主義や二元論と決別する「正しい」おじさん道を提案する知的エッセイ。

疲れすぎて眠れぬ夜のために

内田樹

疲れるのは健全である徴。病気になるのは生きている証し。もうサクセス幻想の呪縛から自由になりませんか？　今最も信頼できる思想家が、日本人の身体文化と知の原点に立ち返って提案する、幸福論エッセイ。

街場の大学論
ウチダ式教育再生

内田樹

今や日本の大学は「冬の時代」、私大の四割が定員を割る中、大学の多くは市場原理を導入し、過剰な実学志向と規模拡大化に向かう。教養とは？　知とは？　まさに大学の原点に立ち返って考える教育再生論。

「おじさん」的思考

内田樹

こつこつ働き、家庭を愛し、正義を信じ、民主主義を守る——今や時代遅れとされる「正しいおじさんとしての常識」を擁護しつつ思想体系を整備し、成熟した大人になるための思考方法を綴る、知的エッセイ。

期間限定の思想
「おじさん」的思考2

内田樹

「女子大生」を仮想相手に、成熟した生き方をするために必要な知恵を伝授。自立とは？　仕事の意味とは？　希望を失った若者の行方は？　様々な社会問題を身体感覚と知に基づき一刀両断する、知的エッセイ。

角川文庫ベストセラー

警視庁文書捜査官　麻見和史

警視庁捜査一課文書解読班——文章心理学を学び、文書の内容から筆記者の生まれや性格などを推理する技術が認められて抜擢された鳴海理沙警部補が、右手首が切断された不可解な殺人事件に挑む。

緋色のシグナル　麻見和史
警視庁文書捜査官エピソード・ゼロ

発見された遺体の横には、謎の赤い文字が書かれていた——。「品」「蟲」の文字を解読すべく、所轄の巡査部長・鳴海理沙と捜査一課の国木田が奔走。文書解読班設立前の警視庁を舞台に、理沙の推理が冴える！

永久囚人　麻見和史
警視庁文書捜査官

文字を偏愛する鳴海理沙班長が率いる捜査一課文書解読班。そこへ、ダイイングメッセージの調査依頼が舞い込んできた。ある稀覯本に事件の発端があるとわかり作者を追っていくと、更なる謎が待ち受けていた。

灰の轍　麻見和史
警視庁文書捜査官

遺体の傍に、連続殺人計画のメモが見つかった！　さらに、遺留品の中から、謎の切り貼り文が発見され——。連続殺人を食い止めるため、捜査一課文書解読班を率いる鳴海理沙が、メモと暗号の謎に挑む！

影の斜塔　麻見和史
警視庁文書捜査官

ある殺人事件に関わる男を捜索し所有する文書を入手せよ——。文書解読班の主任、鳴海理沙に、機密命令が下された。手掛かりは1件の目撃情報のみ。班解散の危機と聞き、理沙は全力で事件解明に挑む！

角川文庫ベストセラー

生贄のマチ　特殊捜査班カルテット　大沢在昌

家族を何者かに惨殺された過去を持つタケルは、クチナワと名乗る車椅子の警視正からある極秘のチームに誘われ、組織の謀略渦巻くイベントに潜入する。孤独な潜入捜査班の葛藤と成長を描く、エンタメ巨編！

らんぼう　新装版　大沢在昌

巨漢のウラと、小柄のイケの刑事コンビは、腕は立つがキレやすく素行不良、やくざのみならず署内でも恐れられている。だが、その傍若無人な捜査が、時に誰かを幸せに……？　笑いと涙の痛快刑事小説！

魔物（上）（下）　新装版　大沢在昌

麻薬取締官の大塚はロシアマフィアの取引の現場をおさえるが、運び屋のロシア人は重傷を負いながらも警官2名を素手で殺害、逃走する。ありえない現実に戸惑う大塚。やがてその力の源泉を突き止めるが――。

天使の牙（上）（下）　新装版　大沢在昌

麻薬組織の独裁者の愛人・はつみが警察に保護を求めてきた。極秘指令を受けた女性刑事・明日香がはつみと接触するが、2人は銃撃を受け瀕死の重体に。しかし、奇跡は起こった――。冒険小説の新たな地平！

天使の爪（上）（下）　新装版　大沢在昌

麻薬密売組織「クライン」のボス・君国の愛人の身体に脳を移植された女性刑事・アスカ。過去を捨て、麻薬取締官として活躍するアスカの前に、もうひとりの脳移植者が敵として立ちはだかる。

角川文庫ベストセラー

ハロウィンに消えた　佐々木　譲

シカゴ郊外、日本企業が買収したオルネイ社は従業員、市民の間に軋轢を生んでいた。差別的と映る〝日本的経営〟、脅迫状に不審火。ハロウィンの爆弾騒ぎの後、日本人少年が消えた。戦慄のハードサスペンス。

新宿のありふれた夜　佐々木　譲

新宿で十年間任された酒場を畳む夜、郷田は血染めのシャツを着た女性を匿う。監禁された女は、地回りの組長を撃っていた。一方、事件を追う新宿署の軍司は、新宿に包囲網を築くが。著者の初期代表作。

鷲と虎　佐々木　譲

一九三七年七月、北京郊外で発生した軍事衝突。日中両国は全面戦争に。帝国海軍航空隊の麻生は中国へ出兵、アメリカ人飛行士・デニスは中国義勇航空隊として出撃。戦闘機乗りの熱き戦いを描く航空冒険小説。

くろふね　佐々木　譲

黒船来る！　嘉永六年六月、奉行の代役として、ペリーと最初に交渉にあたった日本人・中島三郎助。西洋の新しい技術に触れ、新しい日本の未来を夢見たラスト・サムライの生涯を描いた維新歴史小説！

北帰行　佐々木　譲

旅行代理店を営む卓也は、ヤクザへの報復を目的に来日したターニャの逃亡に巻き込まれる。組長を殺された舎弟・藤倉は、2人に執拗な追い込みをかけ……東京、新潟、そして北海道へ極限の逃避行が始まる！

角川文庫ベストセラー

逸脱 捜査一課・澤村慶司
堂場瞬一

10年前の連続殺人事件を模倣した、新たな殺人事件。県警を嘲笑うかのような犯人の予想外の一手。県警捜査一課の澤村は、上司と激しく対立し孤立を深める中、単身犯人像に迫っていくが……。

黒い紙
堂場瞬一

大手総合商社に届いた、謎の脅迫状。犯人の要求は現金10億円。巨大企業の命運はたった1枚の紙に委ねられた。警察小説の旗手が放つ、企業謀略ミステリ！

十字の記憶
堂場瞬一

新聞社の支局長として20年ぶりに地元に戻ってきた記者の福良孝嗣は、着任早々、殺人事件を取材することになる。だが、その事件は福良の同級生2人との辛い過去をあぶり出すことになる——。

約束の河
堂場瞬一

幼馴染で作家となった今川が謎の死を遂げた。法律事務所所長の北見貴秋は、薬物による記憶障害に苦しみながら、真相を確かめようとする。一方、刑事の藤代は、親友の息子である北見の動向を探っていた——。

砂の家
堂場瞬一

「お父さんが出所しました」大手企業で働く健人に、弁護士から突然の電話が。20年前、母と妹を刺し殺して逮捕された父。「殺人犯の子」として絶望的な日々を送ってきた健人の前に、現れた父は——。